回归经营

唤回迷失在管理中的企业

方永飞◎著

SPM
南方出版传媒
广东经济出版社
·广州·

前言

做企业最重要的两个维度是经营和管理。天下事物皆分阴阳。阴是管理，主要是对内，以员工为中心；阳是经营，主要是对外，以用户为中心，合在一起才叫企业。

近几年，大多数企业对经营与管理这两个维度分不清。实际上，经营思维就是用户思维，经营是核心，是目标，管理不过是经营的工具罢了。若想脱离经营谈管理是不现实的，而为了所谓的规范管理空谈管理更是毫无意义的。行之有效的管理就是实现最终的经营目标，如果管理凌驾于经营之上，那么企业就很容易走进死胡同。

企业在管理上的思想体系相对较为稳定，但是，企业的经营方式要随着市场供应与需求而灵活地改变。另外，企业也需要依靠管理进行适当的调整。换句话说，管理方式要跟着经营、环境及市场的变化做出一定的调整。说到底，经营代表着经理人与外部环境之间的互动，管理则代表了企业内职员之间或管理者与职员之间的互动。

管理要服务于经营，经营企业比管理企业更重要。如果把管理看得太重要，那就是本末倒置，必将得不偿失。

纵观国内外的许多企业，经营一段时间后就会走进管理者文化的“陷阱”。几乎所有濒临倒闭的企业都会面临“官僚化”这一可怕的现状。

要想企业成功，一定要遵守“经营大于管理”这条铁律。如果经营的方向有问题，那么，无论管理方面做得多好都是无用的。如今的大多数企业在管理方面其实很出色，之所以没有做大做成功，主要原因就是在经营上的故步自封与没有创新，只是一味地在管理上寻求突破口。如此一来，就导致很多企业的管理水平相对于经营水平来说要高，而当管理水平比经营水平高很多时，企业很可能就会陷入不断亏损的惨状，相信这是企业管理者们都不愿意看到的结局。

当下，诸多企业，最可笑的莫过于花重金聘请了一大帮管理人员来“管理”企业，而不是“经营”企业。最终，企业被管理人员“管死”了。

企业必须尽快回到正确的轨道上来，正确的选择是回归经营，并以此为中心展开运作，否则一切努力终将无效。希望本书的内容能帮助更多传统企业的管理者走出迷途，以“经营者思维”来运营企业。

目录

第3章

全员经营：人人都是CEO

第4章

经营产品：让用户过来并留下

第5章

经营用户：让用户变成“员工”

第6章 品牌经营：让用户主动找上你

第7章 极致服务：拓展经营，赢取市场

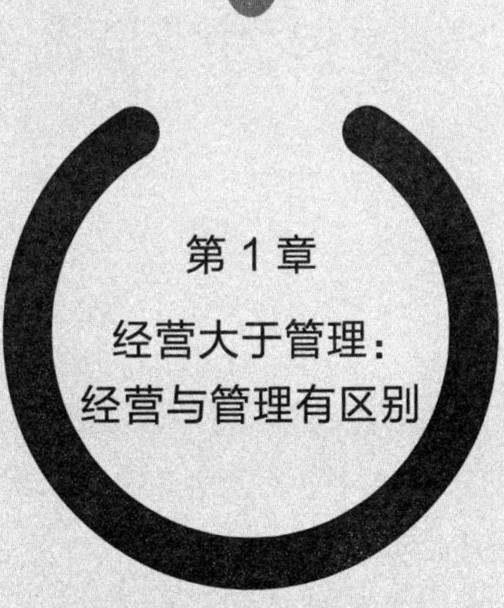

第 1 章

经营大于管理：经营与管理有区别

始终不忘

好的管理是为经营服务的

当下，很多企业有 60% 以上的员工工作没有正常产生绩效，尽管管理者做出了很多努力，也学习过不少有关管理的知识，尝试了很多管理的制度，但总是看不到理想的效果。问题到底出在了哪里？原因或许就在于太重视管理了。

管理大于经营，企业之迷思

对很多企业而言 管理是一个“坑”

很多人都喜欢把管理和经营放在一块来说，其实管理和经营是两回事。在企业运营中如果只重视管理，那么就会遇到下面的情况。

1. 公司“虚胖”

近年来，中国企业发展迅猛，在2016年6月的《财富》杂志公布的“2016年世界500强排行榜”中，中国有3家企业挤进前十。另外，在世界500强的排行榜中，包括中国内地及香港地区的企业就从2012年的73家激增到了89家，再加上中国台湾的企业，一共有95家企业上榜，中国成为全球仅次于美国的国家。

然而，中国进入世界500强企业的平均寿命只有短短的23年，人均收入只占到世界企业500强及美国企业500强同类指标的45.6%~45.7%。有关数据显示，如果按照人均产值、人均利润和净资产回报率以及业务收入的内生式增长率等来比较，中国挤进世界500强的大部分企业根本达不到国际标杆企业的1/2，乃至1/4，种种“虚胖”现象为企业日后的发展埋下了不少隐患。

中国大部分企业为何会出现“虚胖”现象？根本原因在于，这些企业的规模在不断扩大的同时，一方面没能充分发挥企业的设备效率，另一方面也没能在人力资源上进行量化管理。这些主要通过“谈判”进行定岗定编的企业，招收员工的速度远远高于企业产值增长的速度，那么就会导致企业的人均产值被拉低，人力资源自然也不会有高效率的运用。而这些现象的出现，很大程度上是由企业错误地认为“管理比经营重要”导致的。

2.一管就死，一放就乱

当企业规模不断扩大后，大多数原本为单体公司的企业变成多体公司或集团公司，企业一旦出现了集团化管理后，就会掉进“一管就死、一死就放、一放就乱、一乱就收”这样的恶性循环中。大多数企业没有设置系统科学的管理模式，没有调动下属公司的积极性，再加上这些企业是靠外延式而非内涵式的方式来增长，导致企业之间的协同效应变得很差，企业的管控成本、沟通成本以及协作成本等交易成本日益增加，进而拉低企业的整体运营效率，最终使企业面临破产的悲惨结局。

企业应当建立科学的管理体系，当企业由单体公司向多体公司发展的时候，管理模式也要跟着发生一定的变化，最好实现“集权有道、分权有序、授权有章、用权有度”的理想管理模式。

3.太重视管理观

在越来越重视个性的今天，大多数企业都面临这样的现状：整个企业只有大约20%的员工在认真工作，且能够为公司创造高利润。此外，还有5%~10%的企业员工，每当上班时，总是看什么都不顺眼，一味地与企业对抗，看不惯企业制定的所有规章制度，有许许多多不同的看法，没有心思做实事；15%~40%的企业员工，看起来的确在做事，可是做出来的产品总是不合格；30%的企业员工总是得过且过，“当一天和尚撞一天钟”，做事不论对错，总是“瞎忙”。

换句话说，公司中有高达80%的员工不能产生正常的绩效，这听起来真是不可思议而又令人震惊。虽然企业管理者或经营者自以为对管理员工早已驾轻就熟，然而就是无法收到预期的效果。这究竟是什么问题呢？

为何不同的管理者管理同样的资源或员工，结果却天差地别？为何企业中会出现如此多无法创造效益的员工？究竟是哪些关键因素影响了人们的工作效率？人员为何变动这么大？为何很多人认为组织并没有让他们发挥应有的作用？

以上种种问题，其实都是以“管理观念”为出发点思考的。

现象一：讲苦劳是对管理上的浪费

时至今日，众人皆知“苦劳”并不一定会做出绩效。但是，在现实生活中，大多数员工认为自己有了“苦劳”后，就已经很对得起企业了，大多数人都认同这种看法，并且大多数企业也是以苦劳为考核标准的。这表明很多企业对管理的观念依然很模糊。说到底，“苦劳”对于管理来说是第一浪费。

现象二：能力和态度

企业在管理上一般只会负责绩效，员工只有有能力时才能直接产生绩效，态度好，并不意味着就能产生高绩效。只有当员工的态度向能力的方面进行转化时，才能产生绩效。

当今企业，其中的绝大多数还是以工作态度作为考核标准，“听话、顺从”的人被误认为是“优秀员工”，而那些工作能力强的人得不到重视，当这类人才遇上合适的机会时，就会毫不犹豫地跳槽。由此可见，忽视“能力”对于管理来说是第二大浪费。

现象三：才干和品德

如果要想评价一个人的思想品德，只有遇上重大事件的挑战时才能看出来。一般来说，我们很难客观地去评价一个人品德的优良好坏。因此，企业管理者一定不要把赌注压在员工的品德上。管理的责任就是让人没有犯错的机会，让员工从品德向才干的方向进行转化，目的是为企业创造利润。因此，忽视“才干”对于管理来说是第三大浪费。

经营对外，管理对内

当前社会中，尽管有很多人每天都在从事有关经营或管理方面的工作，但是，其中的绝大部分人可能根本就不理解什么是“经营”，什么是“管理”。甚至一些书籍中都把“经营”与“管理”定义为同一个意思。人们根据生活经验，轻率地就将经营定义为“销售”，并且这一定义不断被强化，最终人们错误地认为“经营工作”就等同于“销售的工作”。其实，人们之所以会这样理解的原因是，他们认为经营能力和赚钱能力是相对等的，经营企业的目的就是赚取利益。

下面先具体阐述经营的含义。

1.经营的唯一目的就是创造客户，实现盈利。无论如何，企业经营者的最终目的就是赚钱以及持续发展下去。因此，企业有必要摒弃“杀鸡取卵”式的短期行为，只有不断提高顾客对企业产品的忠诚度和黏性度，才能确保企业长期稳定地盈利和发展。当然，如果企业能在发展自身的同时还能为社会做出一份贡献，那就再好不过了。

2.经营是一个经济系统。所谓经济系统，就是指社会再生产过程中的生产、交换、分配及消费这几个关键环节，相互联系、相互作用后所组合而成的有机整体。对于企业而言，企业作为社会经济系统的基本构成部分，主要是由“产、销、人、发、财”等构成的有机整体，它不断与外部环境进行物质、能量以及信息的交换，成为“投入”向“产出”转变的转化器。所谓转化器，就是指企业的生产销售与服务运作的经营过程。从企业的运作过程分析，企业内部生产销售与服务运作的经营系统主要由供应系统、生产系统、营销系统以及研发系统这四部分构成，只有保证它们的有效运作，才能保证企业的日常生产与经营的顺利实施，最终的生产经营目标才能得以实现。

3.经营是向外看的。企业是一个开放的经济系统，它的经营活动总是不断受到外部环境的影响与制约。所谓外部环境，主要包括政治法律环境、经济环境、社会文化环境以及技术环境等。对于企业经营者而言，外部环境在存有机会的同时，也存在着一定的威胁，一些例如新技术、新发明、新市场、居民收入水平提高以及消费者需求结构变化等的环境因素都有可能给企业的经营创造机会。因此，企业只有仔细地进行环境分析，才能更加有效地实现自己的经营目标。换句话说，对于企业经营者来说，要做好企业经营，就必须面向市场与顾客，必须抬头向外看。

总之，企业在经营过程中，不仅要研究国内的政治方针、相关政策以及社会经济等宏观环境，还要研究企业经营产品的行情，对顾客的需求以及未来行业发展趋势、市场供求状况、竞争态势等有一个大致的了解，从而在发现外部机会的同时避开威胁，并且学会给自家企业及产品进行精准的定位，然后根据产品定位去研究企业的生产与营销策略，最终实现自己的经营目的。

4.经营要求企业必须考虑发挥自身的特长和优势，规避自己的不足和劣势。企业为了更好地适应外部环境，在采取相关措施的同时，还要结合自身的优越条件，认真分析自身优势、劣势及核心资源能力，并尽可能多地发挥出自身的优势，在激烈的市场竞争中塑造出别具一格的核心竞争力，以便占据市场竞争优势。企业在进行经营的过程中，必须清楚自身的内部条件，并加以分析和利用，其中主要包括：企业资源分析（企业拥有的人、财、物、信息、时间以及技术等资源的数量或质量）、日常运营管理能力分析、战略目标和经营目标分析、核心业务体系分析、企业组织功能体系分析、企业文化体系分析以及研发能力分析等。

5.经营的核心是商业模式。所谓的商业模式，就是指一个完整的产品、服务以及信息交流体系，包含所有参与者及其在体系中所起到的作用，所有参与者的潜在利益与相应收益的来源及方式。通俗地讲，一个企业的“商业模式”实际上就是指企业是以什么样的方式来盈利和赚钱的，也就是这个企业的赚钱思路是什么。当企业把这种赚钱思路逻辑化、结构化、模式化，并形成一个系统的、为各方利益相关者提供价值的商业逻辑构想时，这就成了商业模式。

因此，商业模式解决的是企业如何通过与其利益相关者建立联系并实现顾客价值创造来赚钱的问题，说到底就是一个如何持久赚钱的思路问题。而经营是什么？从经营的定义上分析，所谓经营，就是指围绕企业设定的目标进行“产、销、人、发、财”这一系列经济活动的总称，它是指从投入到产出的一系列过程，其最终目标就是争取更多的顾客，实现高额盈利。

在以上两者的概念解读上，我们很容易看出：想要经营好企业，首先必须要有一套完整的赚钱思路，缺乏赚钱思路的经营都是纸上谈兵。经营思维的本质是用户思维！以用户为中心来开展一切企业活动，让用户成为这个企业最核心的组成部分。

经营思维的本质就是用户思维、市场思维和价值思维

经营思维要求我们放弃“管理复杂化”，坚决回归管理大道至简的本源：即把企业的一切活动聚焦到为用户服务，聚焦到产品创新和营销，聚焦到如何解决用户问题，聚焦到经营上，聚焦到如何活下去。

谈完经营之后，下面再介绍管理。管理是个含义极为宽泛的概念，从字面上讲，管理就是“管辖、治理”的意思。

关于管理的定义，有很多种解释。通俗的说法有：“管理就是管事理人”“管理就是让别人按自己的意思去把事情办好”“管理就是做事的能力”。实际上管理就是将复杂的问题简单化，简单的问题流程化，流程的问题目标化，目标的问题做计划，而计划的完成靠大家。

那么，管理又是如何将复杂问题转化为简单问题，简

单问题又如何转化成目标，目标又是如何转化成日常行动的呢？

《世界大百科全书》对此的解释是："管理就是对工商企业、政府机关、人民团体以及其他各种组织的一切活动的指导，它的目的是要使每一个行为或决策有助于实现既定的目标。"

美国管理协会的定义是：管理是通过他人的努力来达到目标。

被称为"科学管理之父"的泰勒认为：管理是一门怎样建立目标，然后用最好的方法经过他人的努力来达到目标的科学。他强调的是管理的科学性。

"过程管理之父"亨利·法约尔认为：管理就是计划、组织、指挥、协调、控制。他强调的是管理的过程。

德鲁克认为："管理就是牟取剩余。"所谓"剩余"就是产出大于投入的部分。他认为任何管理活动都是为了一个目的，就是要使产出大于投入。他强调的是管理的作用。

通过上述各种定义及阐述不难理解：管理是在一个组织中，通过别人并同别人一起把工作完成的一个过程、一种工具或手段、一种技能。它是在一个组织中创造出一种环境的技能。在这种环境中，人们既能作为个人来进行工作，又能为了组织目标而相互协作。管理是能够消除实现目标障碍的一种技能，并能在有效地实现目标的过程中使效率最大化。

从企业经营的角度来说，管理可作如下定义：管理是指企业中的管理者通过计划、组织、领导、控制等职能来协调他人的活动，使别人同自己一起实现既定目标的活动过程。

经营就是为了实现企业目标而进行的一切“研发、生产、营销、人力资源、财务和供应链”等活动的总称，而管理正是针对研发、生产、营销、人力资源、财务和供应链等具体活动进行计划、组织、领导和控制等职能的运用。

管理的定义主要包含以下几个方面的含义：

1.管理是为实现企业目标服务的，是一个有意识、有目的的活动过程（“目标”优先）。企业的目标就是管理的目标，管理的目的在于实现企业的目标。管理必须使活动实现预定的目标，追求最优的活动效果。

2.管理作为一个过程，是由一系列相互关联、连续循环的活动构成的（通过职能来实现）。管理活动是通过计划、组织、领导和控制等职能来实现的。

3.管理工作要通过综合运用企业中的各种资源来实现企业目标（管理需要资源）。管理的效果是管理工作极其重要的组成部分，它主要指输入与输出的关系。对于管理者来说，生产经营资源的输入是稀缺的，他们必须关心这些资源的有效利用，管理就是要使资源成本最小化。对于既定的输入，如果能获得更多的输出，就提高了管理的效率；对于较少的输入，能够获得同样的输出，也同样提高了效率。

4.管理工作是在一定的环境条件下开展的（要有一个平台）。管理者必须将所服务的组织看作一个开放的系统，它不断地与外部环境相互影响、相互作用。管理者必须正视管理环境的存在。

5. 管理工作的本质是提高企业的工作效率，主要包括组织成员的劳动效率、组织效率和员工个人的人力资源效率。

6. 管理是一项复杂的工作。管理的复杂性是指管理所面对的环境及影响因素很复杂。企业是一个开放的系统，它与外部大系统发生各种联系，这个大系统，即政治、经济、技术、社会文化等环境及行业环境等。从企业本身来说，企业目标和管理行为要考虑企业的所有者、员工和顾客等利益相关者的利益。虽然各种利益相关者存在根本利益上的一致性，但也存在一定的矛盾与冲突。综合考虑这些复杂的影响因素，做出合理的、有效的管理决策，是管理者面临的挑战。

7. 管理是一项科学的工作。管理的科学性，是指管理的理论是科学的。管理理论是对大量企业管理实践的科学总结，是对管理规律的概括。管理理论是一个完整的理论体系，应用于管理实践可以产生巨大的效果。只有承认管理的科学性，才能摒弃那种单凭管理者的个人经验和直觉去管理的做法。

8. 管理是一项艺术性的工作。管理的艺术性，是指管理理论的应用要结合具体的管理环境灵活运用。任何管理理论都离不开具体的应用条件，而管理者面临的管理环境又十分复杂，如何选择和应用管理理论，需要管理者的理性判断和经验技巧。同样的管理理论和方法，在不同国家、不同企业，由不同的管理者应用，其效果都大不相同，这就体现了管理的艺术性。只有承认管理的艺术性，才能有的放矢地运用管理理论，才能发挥管理者在管理实践中的创造性。

从以上的概念可以看出，经营是对外的，以商业模式、盈利模式为基础，以用户为中心，通过整合、连接内外资源，解决用户问题从而获取利润；管理是对内而言的，强调通过建立工作秩序、不断改善工作效率来实现发展。经营追求的是效益——赚钱；管理追求的是效率——降低成本。

管理与经营的区别

下面，我们来理解经营和管理的区别。经营是选择对的事情做，管理是把事情做对。经营是一系列企业活动的总称。伴随着管理学科的发展，“管理”在今天早已超越狭义的范畴而成为一个非常宽泛的概念，其含义既包含传统的对组织内部资源的计划、组织、执行和处理，也涉及对组织外部资源的分析、利用，如战略管理、营销管理、供应链管理等。

基于上述“经营”“管理”的概念界定，经营从本质上说就是“赚钱”的过程，归根结底，如果不会经营或不会“赚钱”，那么这个企业也就没有存在的必要了。但是如何持久、长远地“赚钱”就需要从管理的角度来理解。对企业而言，经营处于第一位，管理是其次的。这并不意味着管理不重要，而是管理变成了基础。

由此推论，管理实际上是由经营决定的。只不过经营强调“外向性”，追求从企业外部获取资源和建立影响；管理强调“内向性”，强调对内部资源的整合和建立秩序。经营追求的是效益，要资源，要赚钱，是企业的赚钱能力的体现；管理追求的是效率，要节流，要控制成本。经营是扩张性的，要积极进取，抓住机会，胆子要大；管理是收敛性的，要谨慎稳妥，要评估和控制风险。

经营者和管理者的思维与要求也是不一样的。经营者的思维应是关注价值的贡献，关注未来，关注变化，日常工作以企业实现“收益目标”为中心，以“客户需求和员工需要的满足”为两个基本点，即经营者的“一个中心，两个基本点”。

而管理者的思维应是关注当下问题的解决，关注意愿，关注技术、知识和能力，日常工作以“当下的工作任务”为中心，以“职业化和专业化”为两个基本点，即管理者的“一个中心，两个基本点”。

一定要以砍成本的决心去反思管理存在的必要性

管理者回归经营思维的基本常识是，以经营导向去判断一切管理活动的初衷和目的。

经营和管理是属于两个不同范畴的概念，它们之间的区别主要表现在以下几个方面：

1.内容不同。经营和管理各有偏重，但又有部分重合。

2.重心不同。经营是“以用户为中心”，管理是“以员工为中心”。

3. 重要性不同。经营决定企业生死，管理决定企业经营好坏。

4. 目的不同。经营的目的是提高效益，管理的目的是提高效率。

5. 范畴不同。经营属于市场经济范畴，管理属于组织协同的范畴。

6. 形态不同。经营多属于实体形态，最终体现在产品和服务上，管理多属于非实体形态，最终体现在环境氛围与文化感觉上。

7. 趋向不同。经营是面向市场、外向的；管理是组织协调、内向的。

8. 关注点不同。经营更关注未来和变化，力求如何提高效益；管理注重现状和当下，力求将当下的工作做得合理高效。

经营如兔，管理如龟

对于企业来说，经营和管理缺一不可，它们之间相互依存，并在矛盾中达到最终的统一。企业应该谨记：经营是企业得以生存的根本，管理是企业发展的基础，管理是为经营服务的。企业要想谋求发展，就要学会必要的经营手段，例如研究市场和顾客需求，为目标消费群提供有针对性的产品或服务，这个时候，管理要做好经营的辅佐工作。

企业应该致力于经营，而非迷失在管理上。管理在根本上是为经营服务的。因此，企业不宜过度管理。可以这么说，经营是选择正确的事情做，管理是把事情做正确；经营是经营用户，管理是管理人与事。所以经营涉及的多是市场、顾客、行业、环境、投资的问题，而管理涉及的多是制度、人才、激励的问题。简单地说，经营关乎企业生存和盈亏，管理关乎效率和成本。这既是两者的区别，又是两者的联系，所以说经营大于管理，因为经营决定生死。如果做的事情本身是错的，那么不管管理做得如何好，其实都是没有意义的。

当然，实际上绝大多数企业的管理水平并不是我们谈到的管理过度的问题，而更多的也还是管理水平跟不上的问题，这一点非常值得我们注意。正因为管理跟不上，所以企业更容易天天抓管理，从而懈怠更加重要的经营。

从经营和管理的概念中大家就会发现，企业经营的全过程都包括管理，而管理中也包含着经营的理念。不少管理学者甚至连彼得·德鲁克这样的管理大师都经常将经营和管理这两者归为类同，所以说，要真正搞清楚经营和管理这两者之间的区别和联系的确比较难。在企业活动中，经营与管理虽然有所区别但又是相互渗透、相互作用的，是密不可分的。我们先看看下面这张图。

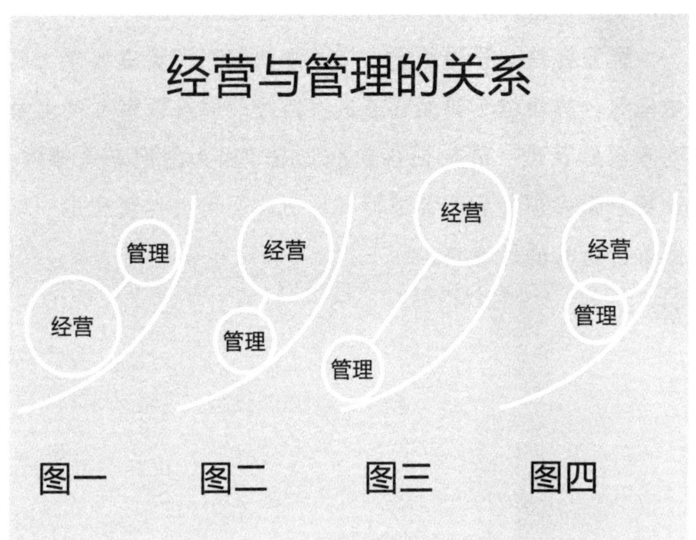

大多数企业在初创的时候都采取图二的做法：一个小团队，哪里顾得上管理，天天忙着研究产品、市场、用户，天天想着做业绩，以经营为中心。这种做法虽然能把小企业做得生机勃勃，用经营拉着管理向前奔跑，但是过

一个阶段就会发现，管理开始跟不上经营的需要了。如同图三显示的，当管理越来越跟不上经营步伐的时候，这个企业中就会有越来越多的“管理人员”出现，并且大家会一致认为“公司需要狠抓管理”了，于是整个公司开始进入到狠抓管理的阶段，如同图一所示。

一旦企业开始狠抓管理，经营就会不可避免地越来越被懈怠与无视，员工之间互相指责、牢骚抱怨、内耗冲突等现象会层出不穷，企业也开始走下坡路。很多企业就是这样被管理做死的。对中小企业而言，管理是一个“坑”，这个坑里已经埋葬了数不清的因狠抓管理而致死的企业。好的企业，始终坚持认为管理是为经营服务的。

经营要快，要像兔子一样灵活快捷，而管理要慢，要像乌龟一样稳健，要循序渐进，持续改善。很多业务出身的人去做管理，就会很容易不适应，因为他们老是着急，一着急很多事情反而会适得其反。总而言之，管理是一场修炼，考验的是耐心。

经营与管理，如何打破旧平衡

一个企业从起步到发展，很容易陷入经营与管理平衡的误区。古往今来，任何一个濒临破产的企业遇到的一个最可怕的问题就是企业官僚化。企业只有不断地打破经营与管理之间的平衡，才能推动企业向前健康发展。

企业中的经营者文化与管理者文化之间总是避免不了有所摩擦。那么，究竟是以财务与人力资源等为代表的管理者能够获得最后的胜利？还是以产品开发与销售为代表的经营者获得最终的胜利呢？目前来说，在大多数企业中，胜利的往往是管理者，因为受权力欲望等要素的驱动，经营者也被同化成管理者了。一旦管理者文化成为主导，企业就不可避免地进入到生命周期中的官僚期，企业开始衰退甚至加速走向死亡。

> 追求组织平衡，必然是死路一条。
>
> @玛格丽特·惠特利

对于企业经营管理者而言，平衡并不意味着是良好的状态。平衡，就等同于封闭，长时间的封闭，就会引发企业最终的退化和消亡。只有打破平衡，才能带来开放、成长，并最终推动企业自组织向前发展。

在企业管理中，需要不平衡的存在。巧妙地运用不平衡，有以下诸多好处：

1.不平衡能让企业源源不断地产生原动力，例如不平衡的收入将会拉开生活档次，高档次的人群能够享受到更好的服务与更高的生活质量，如此一来，就激发了低收入人群的上进心；对于那些高收入档次的人群，要想保持收入标准，也需要奋发图强。

2.不平衡可以作为测试员工心态是否健康的试金石。对待不平衡，健康心态的员工是积极的心态，他们为了争取更高的收入而努力工作；心态不健康的员工就会牢骚满腹，消极对抗，如此一来，企业就能针对性地进行教育引导，对于教育无效者只好淘汰。

3.不平衡能有效提升员工的整体素质，在不平衡中，员工可以磨炼自己的情商，不断地提升自己的专业技能及工作水平。

4.不平衡能作为企业管理人员整体素质提升的实战培训，打破一个旧平衡，建立一个全新的平衡，都需要各级管理人员放平心态去应对，解决打破旧平衡带来的矛盾及建立新平衡时产生的诸多问题。

对于管理人员来说，如何在平衡与不平衡间做好管理工作是一个严峻的挑战。当然绝大部分的管理人员能在动态平衡中探索到操控的本领。所以，打破平衡要注意做好充分的准备，切记不可盲目行事。

1.要做好充分的调研分析。企业应该对现有的资源，对当下的平衡状态进行分析。

2.打破平衡，并不意味着完美主义。人人都想要完美，但是完美却是人们永远无法企及的一个目标。完美是相对的，邓小平先生曾说过："黑猫白猫，抓到耗子就是好猫。"伟人之所以伟大，就在于他们能够勇于探索未知的领域。

3.要打破平衡，不可患得患失。打破等同于扬弃，主要意思是保留好的、有益的东西，丢弃保守的、阻碍企业发展的东西。

4.要打破平衡，决策层一定要有足够的信心。俗话说："坚定的信心是成功的保证。"犹豫不决，就不能打破平衡，也不可能建立起新的平衡。

5.要打破平衡，企业需要抓住时机。好时机意味着成功的一半，能够降低成本，减少投入资本，因而有人常说："机不可失，失不再来。"

6.要打破平衡，一定要做好培训引领工作。因此，一个成功的企业管理者，不仅要做一名建设者，更应该做一个敢于打破企业旧平衡的破坏者。只有打破旧平衡，才会更有力量去推动企业向前发展。

回归经营，初心不可忘

无论今天的企业做得有多强多大，我们都要思考一个问题：我们的初心是什么，初心究竟在哪里？在现代社会中，很多人走着走着就忘记了自己为什么出发，更不敢再回过头来审视自己的创业历程。如果一个企业达到这种地步，那留下来的必定是痛苦。

“为发烧而生”，是当初小而美的小米的初心。然而，从小而美到大而强，走着走着，小米似乎忘记了自己为什么出发。当初流淌在企业血液中的极简文化基因，现在少之又少。

小米为什么没有完成2015年的销量，是目标太高还是竞争太激烈了？其实小米内部也在反思，企业在今后是应该追求销量，还是注重产品本身？在小米2015年的年

你的初心在，时间就是朋友。
你的初心不在，时间就是敌人。

会上，雷军公布了小米2016年的核心目标不是销量，不是战略，而是——找回初心，开心就好！

只有初心才是企业经营的精髓所在，那么，企业究竟要回归到哪些初心呢？

1.为用户服务的初心。许多企业在刚刚起步时，总是会将用户当成上帝一样，然而随着企业逐渐壮大，企业的管理者和经营者不再倾听用户的意见，也不再主动拜访用户。因此，回归为用户服务的初心最重要。

2.本业的初心。大多数企业之所以面临倒闭或失败的命运，并非因为世界经济下滑，也不是因为生产过剩，而是由企业经营者成功后膨胀的内心所导致的。如果企业经营者能够守住本业上的初心，也就不会轻易失败。

3.艰苦奋斗精神的初心。企业管理者不可富而忘本，最好在成功后也要保留过去那种艰苦朴素的生活作风。艰苦奋斗的精神是企业文化最好的传承。只有艰苦奋斗精神在，企业才能永葆青春。

4.“有难同当，有福同享”的初心。企业在创办之初，老板和员工基本上都是同吃、同住以及共同工作。然而企业做大后，老板与员工之间就有了阶级划分，有些老板甚至连老员工提出的建设性意见也开始置之不理。这里并非提倡老板必须要与员工保持“三同”，只是在利益分配方面，老板需要学会分享。

5.简单生活的初心。所有企业经营者做企业的最终目的，就是为了追求物质的丰富。但是现在的物质世界很容易让人迷失本性，已经有许许多多的人因为崇拜物质、权力而迷失了生活的初心，有的甚至为了掠夺财富而不择手段！因此，回归到简单生活的初心，也是非常重要的。

总而言之，做企业一定不可好高骛远，当企业成功后，也要回归起点、零点或出发点，询问自己我们的初心是什么，只有这样，生活才会充实有意义。

案例 苹果公司的经营之道

1997年乔布斯回归苹果公司时，苹果公司的股价徘徊在5美元左右，在乔布斯回归之后的13年间，苹果公司的股价涨幅70倍。是什么造就了苹果公司的辉煌？苹果公司的盈利利器是什么？

1.回归产品：以产品为核心制定战略

苹果的辉煌，是从2001年推出的iPod播放器开始的，iPod外观流畅简洁，一经推出便风靡全球，迅速成为时尚的象征。2007年，苹果推出iPhone，自此，智能手机市场的原有格局被完全瓦解。苹果迅速崛起的背后，是其以产品为核心的企业战略。

回顾乔布斯1997年重返苹果重整企业战略后所推出的iMac、iPod、iPhone、iPad等产品，这些产品支撑了苹果的重新崛起，缔造了苹果的神话，成功地颠覆了PC、音乐、手机行业的市场格局。同时，随着产品相继被推向市场，乔布斯成功地打造了苹果文化的品牌形象：设计、科技、创造力和高端的时尚文化，成为全球业界、消费者关注的热点。

2.用户至上：打造良好的用户体验

从消费者角度而言，用户体验至上意味着既要充分考虑顾客的需求，又要考虑顾客的承受能力。苹果公司早期的产品，例如丽萨（Lisa）电脑，是世界上首款采用图形用户界面和鼠标的个人电脑（远远早于微软公司Windows系统的出现）。虽然丽萨电脑在技术上全面领先IBM兼容机，用户不必用键盘敲入命令，还可以同时运行几个程序，但由于其与IBM兼容机不兼容，甚至不兼容苹果Ⅱ，且售价高达1万美元，所以苹果公司很快就放弃了该产品。

自2001年起，从iPod到iPod Touch，从iPhone到iPhone6，从iPad到iPad Air 2，苹果公司的每一次产品升级，都大大提升了消费者的用户体验。甚至，在上一代iPod Touch、iPhone、iPad正在热销之际，苹果公司就已经开始研发并连续推出新一代产品。作为一家高科技公司，苹果公司始终坚持不变的是产品创新。作为一家电子消费品企业，苹果公司始终坚持不变的是满足消费者的体验需求，不断推出能更好满足消费者体验的产品。

3.另类的代表

卓越的产品设计成就了苹果产品“另类、品位、时尚”的文化符号。iMac电脑以半透明、果冻般圆润的蓝色机身重新定义了个人电脑的外貌，打破了原有电脑枯燥乏味的米黄色盒子的呆板模式，并迅速成为一种时尚象征。而风格极简、纯白的iPod，在充斥着各种颜色的数字家电市场中特立独行。可以这样形容苹果的设计：简洁、纯净、空洞。就如现在的iPhone，只有一个巨大的空洞洞的屏幕和唯一的一个按键，比iPod还要简单干净。乔布斯追求产品完美细节的激情使其被媒体形容为"魔鬼性的完美主义者"，正因为他的执着，追求另类并精益求精，苹果产品才会有众多的追随者。

4. 占据消费者心智

商业的发展推动了产品的极大丰富、产品数量的急剧增加。消费者面对成千上万的新产品，心智疲于应付。随着媒介的大量增加，尤其是互联网的出现使消费者接受的信息量日益加大，因此进入"消费者心智"已经成为现代企业竞争的关键，此阶段的口号为"得人心者得天下"。

苹果产品已经在消费者心目中有了一个鲜明的印记，那就是优越的性能、极致的外形和完美的设计。苹果产品意味着特立独行，意味着"酷"的工业设计，意味着时尚。乔布斯的每一次创新，都力图让产品符合消费者心目中的苹果文化印记，几乎每款产品都让消费者欣喜若狂。

第 2 章

完善管理：管理为经营服务

管理问题没有标准答案。管理是科学，更是艺术。

中国企业在管理上存在一个很大的问题：优秀的人都在做管理，而且很多还是做的脱离经营的管理。管理者的重心不在经营，是企业最大的浪费。

经营模式与管理模式

经营模式是企业在内外部环境分析的基础上确立的为保证企业经营宗旨和战略目标的实现，所采取的有别于其他企业的具有自身核心竞争优势的运营方式方法的总称。即围绕企业的战略目标，在企业内为使生产、销售、研发、采供、财务、人力资源管理等各种业务能按经营目的顺利地执行、调整而进行的一系列管理和运营模式。其中包括企业为实现战略目标而进行的业务系统和核心业务流程设计、组织体系建设、功能体系建设、企业文化塑造等一系列活动。一个完整的经营模式包括七个要素，即战略目标、核心业务流程、组织体系、功能体系、企业文化、管理模式和企业业绩。

1. 战略目标。商业模式设计或重构的目的是确定企业的战略目标。战略目标是企业经营的方向，它一般可用平衡计分卡的方法分解落地，具体包括四大部分，即收益目标、市场或客户目标、管理成熟度目标和人才培养与团队建设目标。

2. 核心业务流程。从企业日常经营管理方面来讲，核心业务流程某种程度上可以理解为企业日常的商业模式，指的是企业围绕顾客需求、战略目标和企业价值链所进行的一系列核心业务活动。

3.组织体系。为保证企业战略目标的实现，必须根据企业的战略目标、业务系统规模、环境技术、市场发展变化、现有人力资源状况等进行组织体系建设，构建好治理结构，规划出部门职能和岗位职责，安排好人员，建立职权体系。概括地说，企业的组织体系包含三方面，即“组织体系=治理结构+总经理+组织结构”。

4.功能体系。功能体系又称职能体系，是指人们为了实现企业的经营目标，围绕企业的核心关键业务、已形成的赚钱思路和企业战略目标，根据组织体系的框架所设计的企业生产、营销、人力资源、研发、财务和供应链（后面简称“产、销、人、发、财”）体系。功能体系建设的目的是确保各职能部门能准确分解转化企业的战略目标并保证执行，其核心是产销体系的建立。企业功能体系的建设和设计，一定是以顾客为核心、营销为中心进行的，其他一切职能部门体系都是为之服务的。

5.企业文化。除了组织体系和功能体系等“硬件”以外，为实现战略目标，还必须在企业内建设一种一切以绩效和目标为导向的企业文化，形成一个思想统一、价值观相融、高度合作、持续作战、积极向上的团队，以使企业做强做大，保证能持续健康地发展并做到基业长青。

6.管理模式。它是一套反映“企业日常究竟应该如何操作”的运营方法，具有模块化、系统化的特点，是企业经营模式落地执行的基础保障。

7.企业业绩。经营模式的结果就是将企业的战略目标通过经营管理活动最终转化成为企业的利润或企业的经营业绩，以便人们可以通过企业业绩的好坏去评价企业战略目标的合理性以及企业经营管理水平的高低。

介绍过经营者模式之后，下面再了解一下什么是管理模式。管理模式实际上就是对企业的管理方法进行思路性的、框架性的、体系性的、高度概括的、可复制的系统集成，是关于企业每天怎么做事、工作怎么安排、事情怎么落实执行下去，如何保证客户消费后还有黏性、生意持续好下去、员工不掉队还能积极主动地工作的一套体系。它是一套企业日常如何具体运营管理的体系化的、可复制的方法的集成。

管理有其艺术性的一面，但更有其科学的一面，否则就不会称为“管理学”，其本质是将日常管理中的复杂性模块化、简单化，所以又称为“精益管理模式”。战略规划、商业模式、经营模式等主要解决的是企业在经营中“做什么”的问题；而管理模式解决的是“日常怎么做”的问题，也就是执行力的问题，这才是企业经营逻辑中最关键的一环。

也就是说，企业经营可以讲无数的“道理”，但最后必须落实在日常执行，即日常“怎么做”上。比如管理流派中的企业精益管理之“三大块十大步”，它实际上就是企业以满足顾客不断变化的需求、为顾客提供满意的产品和服务为目的，并将这一核心的目的转化为一系列的工作目标、方法和标准，通过议程梳理、计划形成、分解、目标可视化、PK竞争、检查督办、日常训练、总结文化、激励与考核、处理与改善等步骤，最终高效地完成企业

"创造顾客，赢得利润"这一核心目的。

从管理学理论的角度来讲，"精益管理模式"也就是管理职能具体运用的过程，即"计划、组织、领导、控制"的过程，或"计划、组织、指挥、协调、控制"的过程。根据一般企业的实际经营状况，最终将其概括总结为"计划一执行一处理"这三大块的运营方式，再将其具体化为"十大步"，"三大块十大步"系统化的整合就称为企业的"日常精益管理模式"。

"三大块十大步"日常运营管理体系，实际上是从管理职能的"计划、组织、指挥、协调和控制"演变过来的，是将复杂的管理理论简单化、可操作化。"计划模块"的核心是"第一步，工作议程和目标确定"；"执行模块"的核心是"第五步，精益业务操作"；"处理模块"的核心是"第九步，激励与考核"。

第一步：工作议程和目标确定。所谓工作议程实际上就是指企业或部门或班组日常在工作前进行梳理的一种方法，其核心就是确定目标，可以是战略目标、经营目标，也可以是管理目标。工作议程的梳理主要分为公司层和部门层两块。

第二步：计划形成与分解。顾名思义，计划形成就是指围绕确定的目标进行寻找资源的行动，并最终通过计划管理和项目管理的方法形成行动计划。而计划分解就是将形成的计划从公司层向部门层，再到班组和各岗位进行转化分解，直至每个人都知道工作目标为止。计划形成的核心就是围绕确定的目标，按照紧急重要的原则进行具体任务、责任人、时间、地点、结果要求等工作内容的安排，计划分解的核心就是分工。

第三步：目标可视化。就是将目标、业绩和问题量化上墙，其核心目的就是“人人知道做什么，干好干坏看得见”。

第四步：导入PK竞争文化。PK竞争文化导入的目的是让所有人员围绕目标开展良性竞争，形成一个以绩效和目标为导向的企业文化。

第五步：精益业务操作。指企业所有人员按照企业确定的业务流程、自己的岗位说明书、岗位操作手册和作业指导书等进行的标准化工作。核心就是操作标准。

第六步：检查督办。检查的目的是为了保证“第一步”中目标的实现，对整个实施过程进行监控，查看其是否按照既定的方向进行，起到纠偏、协调资源的作用，其核心就是纪律的保障。一般来说，检查督办体系是进行精益业务操作的“刹车系统”。

第七步：导入日常总结文化。对检查督办以及自身部门、班组和个人作业中出现的问题进行总结，员工之间进行相互帮助，目的是通过批评与自我批评、反省与自我反省解决思想上的问题，并获得不断的成长和进步。

第八步：培训与训练。通过对日常总结和帮助所发现的问题进行系统分析和归纳后，如果是员工知识和技能上存在问题，就加强对员工的培训和训练，核心是员工的成长和能力的提高。

第九步：激励与考核。主要是指对员工的日常结果做记录，并对员工业绩进行证明，加强对员工进行激励，以提高企业员工的工作积极性和主动性，其核心是业绩考核或业绩证明。

第十步：处理与改善。主要指对日常工作的进度、效率、标准执行、结果要求等进行有效的控制，并根据工作结果进行归纳整理，将能处理的问题系统处理掉，尚不能处理的问题进行系统梳理后再返回到“第一步”去处理，核心是工作议程的前期准备。

基于此，我不得不提一下“共同体GTT企业云管理平台”，一套基于大数据驱动的，以绩效为主线的企业移动云管理平台。四年来，迭代了N个版本，经过几百家企业的实践改善，GTT赢得了众多用户的信赖，比如著名品牌七格格已经用了四年。

我一直有一个观点，企业的基础管理一定要尽可能早地交给信息化、交给软件。为什么华为舍得投资百亿元请IBM做华为的基础管理平台，这就是我们千千万万个中小企业必须要看到而且深思的方面。企业只有尽早地把基础管理交给信息化管理系统，管理者才可能从基础管理中腾出手来，专心致力于企业的经营。

管理要做什么，由经营决定

众所周知，企业家必须具备的两种能力就是经营和管理。所谓经营能力，就是选择正确的事做；所谓管理能力，就是把所选择的事情做好。从这点来看，经营第一，管理第二，但是我们必须清楚一点，那就是管理事实上自始至终都是为经营而服务的。

企业存在的核心价值

经营：帮助用户解决问题（好产品）

管理：帮助员工出人头地（好机制）

关于这点，可以用以下比较来说明：

当企业在经营模式上选择薄利多销的策略时，在管理上就要选择成本管理与规模管理；当企业在经营模式上选择一分钱一分货的策略时，在管理上就要选择品质管理与品牌管理；倘若企业像联邦快递一样在经营上选择"隔夜服务”时，那么在管理上就要选择流程管理；倘若企业像戴尔一样运用“直接订制”的策略时，那么在管理上就需要选择柔性化管理。

以小米公司为例，它的经营理念是“为发烧而生”，下面来看看小米在“为发烧而生”的经营理念下是如何管理的。

1.“先用户后产品”的模式

小米手机的成功源自“先用户后产品”的模式。在小米上市之前，雷军先以“用户设计”的口号吸引了一批忠实的“米粉”，然后连续推出不同的手机版本和服务，最终营造了今天的小米商业版图。

2.在销售上采取“用户参与”式管理

小米科技改变了传统营销中的强制性销售方式，不是向用户一味灌输品牌想要说的东西，而是听取用户的需求，强调体验式营销，让消费者可以真正体验产品，感受品牌文化。

小米科技的粉丝经济也做得相当出色，并将粉丝在产品中的角色按照不同的作用分为三个类别：一是明星粉丝，他们可以参与公司创新产品的研发、试用；二是小米发烧友，他们多为年轻人，在论坛或粉丝圈十分活跃，是小米公司的主要利润来源；三则是普通用户，使用小米产品，对小米的了解不是特别深入。

小米科技以自己的个性化产品吸引了越来越多的粉丝，但无论是极其疯狂的发烧米粉，还是颇具理性思维的普通米粉，都是小米科技成功的无名英雄。

3.社群管理上建立明星“粉丝组”

小米的粉丝分类在国内最为专业，形成了很完整的关系链。而小米社群中的“死忠粉”，有一个专有名词：荣组儿（荣誉开发小组成员）。这个小组的成员，不仅可以第一时间获知小米的相关动态，甚至可以参与公司新产品的开发、试用和决策，在米粉之中简直就是神一样的存在。

时至今日，只要能够进入“荣组儿”，那么这就意味着用户成了小米社群中的“明星”，自身将会拥有大量的粉丝。这样的“死忠粉”做出的评测和推荐，总是会引起强烈的粉丝效应。而这些“死忠粉”，也都有这样的一些特质：具备非常高的专业素质，甚至达到专家级别；热衷于和网友进行互动，第一时间解决问题；大脑里的奇思妙想非常多，总是给品牌带来建设性的意见。

正是凭借着这群“死忠粉”的影响力，小米可以更加“接地气”地打开局面，吸引到更多的粉丝。

“粉丝效应”都是从一个小族群开始。

大家因为某个共同兴趣而聚在一起。

再看沃尔玛，它实行的战略与绝大多数的中国企业并没有什么不同之处，“总是用最低的价格销售”，但是和国内的企业相比，沃尔玛最终成了全球盈利和增长率最好的企业，而国内企业则平平常常，不见起色。归根究底，沃尔玛和国内企业的差异就是在管理与经营战略的匹配水平上存在差别。这个例子说明了两个观点：第一，管理必须由经营来决定；第二，管理水平也需要与经营水平相匹配。

因此，企业管理者必须弄明白两个问题：一是优秀的人究竟是在做管理还是经营？二是在企业中，一般是内部会议开得多，还是外部会议开得多？

如果想要评价一个公司在管理上的优劣，就要看其高管团队和谁开会的次数多。如果每天都是内部会议，见的都是下属，那么在该企业中，管理大于经营；如果每天开的都是外部会议，更多的是见用户、同行以及投资人，那么该企业更加注重经营。两者相比较，自然后一种能够发展得更好。

好的管理就是化繁为简

在管理界，流传着这样一句话："一流企业做标准，二流企业做品牌，三流企业做产品。"换句话说，只有简单化的标准，才能形成一流的企业规模。

好管理要化繁为简

1. 越简单的往往越有效；
2. 一定要从事实出发；
3. 管理部要忽视"小事"；
4. 时间能改变一切。

约翰·施奈德被问及成功时这样说："我的成功没有秘诀，就是更好的原料和质量以及辛勤工作。我们做的不一样的地方是我们让事情保持简单。这不是说我们不知道如何做复杂的披萨，但是13年前，我们决定制作更好的披萨。为了达到最好，我们必须放弃一些产品，我们在其他方面也保持简单。”

“棒！约翰”自 1984 年开设第一家披萨店以来，施奈德就许下了自己的承诺：“更好的馅料，更好的披萨。”为此，施奈德整天都在研究披萨的馅料选择、面团如何才能更有嚼劲等问题。为了确保最好的质量，“棒！约翰”采用了简单而专一的办法，每家店统一使用纯净水来制作面团；每年夏天只选取生长在加利福尼亚肥沃土地和充足的阳光下的番茄，采摘 6 个小时内加工成披萨酱；只选用纯正芝士和肉类；每家店有同样的搅拌器、同样的水净化器、同样的烤炉，甚至同样的电脑。

依靠简单的力量，“棒！约翰”如今被大众认可为高品质披萨的代表，并在全球范围内拥有超过 3000 家披萨加盟店。

大凡赚钱的企业深知“贪多嚼不烂”的道理，它们都崇尚简单的理念。比如说可口可乐走的就是简洁化的路子。它们在世界各地建厂，用相同的瓶子装相同的饮料；销售商也用同样的营销模式。再比如麦当劳、肯德基，同样是简洁化的典型，它们在世界各地的连锁店的经营模式也完全一样，而且将连锁店的经营权完全交给了加盟商，这是一种再简单不过的模式。

在企业管理中，希望达到什么样的效果是一回事，能做到什么程度又是另外一回事。因为人不可能什么都精通，也不可能方方面面都很强大。企业要想在竞争中获得生存和发展的权利，最好的办法就是充分利用和发挥自己的优势和资源，做自己最擅长的，不做自己想做而无把握的。大胆取舍，这是简洁化的成功法则。

小学语文中有一种练习，叫作紧缩句子，就是把句子中不必要的修饰都去掉，仅剩下作为句子骨干的主谓宾，做这种练习的目的也是教给学生一种把握句子核心思想的方法。简单管理就是在看似毫无头绪的事务面前，要有决然的姿态，保留核心而舍弃一些东西，使管理变得简单却有效率。

企业发展到一定阶段就会陷入效率低下、成本居高不下、产品多而毫无特色、多拳出击而目标模糊、利润日趋低下的泥淖……其实，这一切都是复杂惹的祸。而每一种后果，都足以把你的企业带到死亡的深渊。

德鲁克认为在全球化竞争的经济环境中，演奏多种不同的曲子太难了。很多公司选择跳出复杂的组织，回到它们最擅长的简单曲调上。当人们还未品味够宝洁优秀的品牌延伸策略给我们带来的启示时，宝洁却在做一件不可思议的事情——率先使用锋利的“奥卡姆剃刀”削减产品种类。

这个世界是否真的需要有31种不同的海飞丝香波，或52个版本的佳洁士牙膏呢？宝洁公司——当今世界卓越的营销者，认为答案是“不”。经过数十年对改进型的甲产品、柠檬香型的乙产品，以及超大型的别的东西进行推陈出新之后，宝洁公司发现，它销售了太多种不同的产品。之后宝洁公司采用了简单的战略，废除了近30种促销形式，也削减了边缘品牌，减少了产品线并且控制推出新产品。

现在宝洁公司在美国本土的产品名单较20世纪90年

代初已减少了1/3。单是在头发护理用品一项上，它就砍掉了近一半的产品品种。更少的型号、大小、包装以及配方意味着消费者拥有更少的选择，所以销售额将会下降。是这样吗？答案是否定的，因为宝洁的头发护理业务的盈利增加了5%。

韦尔奇接管通用公司后，也是使用"奥卡姆剃刀"削去了公司的若干非核心业务，才使公司又一次产生质的飞跃，创造了世界企业发展的奇迹。

因此企业在经营过程中应该做到有所不为，这样才能做到有所为。这就好比是专业与多元化，企业无论如何发展，一定要发挥自己擅长的优势，核心的竞争力不能丢，在做大做强核心产业的同时才能有所为。

任何事情的发展都遵循着"简单—复杂—简单"这样的规律，科技产品从简单到复杂，又从复杂到简单，公司也是一样的。创业的时候是简单的，发展到一定阶段的时候就会变得复杂，而经过变革和沉思后又回归到简单的状态，所以说，简单是事情的终极形态。当我们能从简单走向复杂，再穿越复杂找到一条新的简单之路时，也是企业从平凡走向优秀，从优秀走向卓越的过程。

建制：制度是最好的“老板”

每个企业都有相应的规章制度，然而大多数员工、管理者乃至老板，都不知道制度的本质所代表的重要内涵。制度，不仅代表了办事规程或者行动准则，同样也是一种标杆、尺度，是每个企业都应该拥有的。因此，企业的管理者应该运用制度，让制度变成企业发展的重要利器。

制度&机制&文化

2016年1月7日通用汽车宣布，2015年其中国销量为361.2万辆，同比增长5.2%，旗下雪佛兰、凯迪拉克、别克等品牌均有所提高，甚至创下历史新纪录。通用汽车何以取得如此骄人的成绩？事实上，通用汽车公司之所以获得成功，除了质量、品牌及营销等方面的因素，制度建设也是一个关键所在。

通用汽车公司创立于20世纪20年代初，在最初的发展阶段，通用汽车公司一直屈居于福特汽车公司的后面，当时，福特汽车公司的市场占有率高达45%，通用汽车公司仅仅占17%。后来，通用汽车公司副总裁斯隆建议，公司的经营管理体制需要进行一定的重大改革。

斯隆对通用汽车公司内组织混乱和管理无方及纪律松散的现象十分不满，他认为，像通用这样的大企业，把许许多多的具体问题集中在少数高级经理人身上，不仅使他们每时每刻忙于琐事，没办法考虑公司的各方面方针政策，而且还极大地限制了位于他们之下的各级人员的首创精神。

于是，斯隆提出“集中政策、分散经营”的改革办法。首先便是制定了一套所有人必须遵守的纪律。随后他将公司的任务分为两大块，即决策任务与执行任务。公司各级各部门都制定出与之相对应的规章制度，分工明确，赏罚分明。当时通用汽车公司纪律的苛刻在全世界都非常闻名。公司规定，不能遵守企业纪律的员工，管理工作者可以对其进行惩罚。

为了避免更多企业员工发生违反公司规定的行为，通用公司的各级经理人员在行使管理职权的时候，总是会采用更加公平、严明的行动去纠正违反规定的人。如果不这样做，那么当其他有违反公司制度倾向的雇员发现有人能“逃脱”处罚时，他们便会朝此方向发展。

直到2008年被丰田超越之前，在过去的75年内，通用公司在全球的汽车生产商中一直位于榜首。

所以，作为一个企业，建立一整套科学、完整并行之有效的规章制度，是其科学管理的首要条件。著名的管理学大师彼得·德鲁克曾经说过："一个不能将制度看作是企业灵魂的企业，根本称不上是企业。"所以，制度作为一个企业的灵魂，是企业得以正常运转的基础。

如若说管理是树木，那么制度便代表了那滋养万物的土壤。因为只有肥沃的土壤，才能培养出茂盛的植物；与之类似，只有健全、完善及合理的制度，才可以使企业实现规范有效的管理。制度是管理强有力的保障与支持，只有不断完善公司制度，才能让管理走向正规化，才能让管理者从烦琐的事务中走出来，才能为领导与员工提供尽可能大的创造空间。

在当前竞争激烈的市场环境中，制度的作用更加突出。从众多实际案例中我们可以得知，制度才是一个企业幕后的"老板"。企业的管理不可能倚仗领导每天去盯人、管人，而是需要依靠合理的制度与运营机制来规范员工的行为，并确定明确的岗位管理条例，让大家知道要做什么、如何去做、怎么样才能做好；哪些事能做，哪些事不能做，这是一个企业成熟的标志，也是企业平稳发展的保障。制度就像一把标准的尺子，它时刻衡量着领导和员工们的行为。在制度的规范下，管理者不用再去不断强调员工应该怎样做，也就节约了时间和成本；员工也不用再去百般思索自己是否会因为莫名其妙的原因而被处罚。制度规范了员工的日常行为，节约了管理成本，有利于增加企业效益，提高企业的竞争力。

企业要制定制度，也要维护和落实制度。在管理中，要坚决做到"及时表扬，适当奖励"；对于有制度不遵守、有规章不遵守的行为，要做到“及时处理，严惩不贷”。并不因违反制度的人的职位、权势而在执行制度方面打折扣，而要做到一视同仁，杜绝敷衍了事搞形式，这样才能形成良好的执行风气，才能维护制度的威严。

一个可以传承的企业绝对不能缺少完善的制度，好制度的影响通常比好领袖更长久。所以，企业的管理者需要用改革的勇气、去除陈旧的管理理念去管理公司内的各种行为，把制度化、规范化作为企业发展的灵魂。只有依靠规范的制度，才可以使企业与国际顺利接轨，才能使企业稳步前进、健康发展。

人性化管理的经营之道

华阳集团旗下的信华精机社会事业部，有一个名叫邹华鲁的普通职员。他经常提前去上班，到了公司会主动把办公室打扫干净，在工作中一直保持高涨的热情。

2015年，邹华鲁的妻子生了孩子，一家人沉浸在幸福中。然而，不久之后邹华鲁检查出肝癌，这个噩耗让这个幸福的家庭濒临崩溃。考虑到家庭的经济状况，邹华鲁拒绝化疗，选择中医进行保守治疗，并且持续上班。

当公司的领导和同事得知邹华鲁的病情后，都非常关心他，而且在工作上给予他更多的鼓励和帮助，领导和同事们的亲切关怀让邹华鲁对生活充满信心，邹华鲁的爱人知道大家很照顾丈夫，也感到非常欣慰。

2016年1月，邹华鲁的病情恶化了，不得不住院。这个消息传到公司后，领导和同事们迅速行动起来，每天都有人去医院看望邹华鲁，陪他聊天，病房里的鲜花和笑声始终不断。与此同时，公司领导还悄悄发起了募捐活动，筹集资金7万多元。

当公司把7万多元交给邹华鲁时，他的泪水湿润了眼眶。他强忍疼痛，把同事们的名字、捐钱数额及说过的话用笔记下来，记了20多页的A4纸。他告诉妻子，公司是他们的恩人，同事是他们的亲人，以后要告诉儿子。

虽然有家人的关怀，有公司领导和同事的支持，但邹华鲁最后还是被无情的疾病夺走了生命。邹华鲁去世半年后，他以前的同事还经常去看望他的妻子和儿子，过年还给他儿子发压岁钱，这让邹华鲁的妻子感动不已。

在很多公司的制度里，都没有关于“照顾重病的员工及其家属”的条文和规定。很多公司认为这不是公司管理的内容，员工生病、重伤乃至去世，与他们的关系不大，最多也就给他们照发工资，礼节性地看望、慰问一下。至于后续的关怀与照顾，更是少之又少。有些公司甚至视重病的员工为累赘，巴不得早点让其离开团队，而对于员工提出的赔偿要求，公司更是无情拒绝。

其实，除了员工重病乃至去世这一情况，还有很多问题都是公司制度没有考虑到的。对于这些没考虑到的内容或考虑不周的地方，公司应该怎样去处理呢？这体现了一个公司的企业文化和价值理念。

上述案例充分说明，华阳公司是一家重视人性化管理、尊重员工生命的企业，是一家“以人为本”的企业。华阳公司对员工的关怀，不但消除了制度考虑不周的弊端，更树立了企业的文化理念，在员工心目中树立了高大的企业形象。这对凝聚人心、团结员工、调动大家的积极性有重要的意义。

人性化管理是以严格的公司制度作为管理依据，是科学而具有原则性的，人性化管理的真谛是：尊重人性。

所谓“人性”，就是在一定社会制度和一定历史条件下形成的人的本性。戴尔·卡耐基在《人性的弱点》中详细地描述了人性的特点，总体上来说，人性既有优点，也有劣根性，比如人性中有同情、责任、关爱、勤劳、勇敢等“善”的一面；同时又会有嫉妒、傲慢、贪婪、暴怒、懒惰等“恶”的一面。人性中的“善”与“恶”往往与一些特定的条件相关联，某种情况下，一些特定条件的出现，就可能会激发并凸显“善”或者“恶”的一面，而且这种“善”或者“恶”又常常是相对的。所以，作为管理者，我们要思考人性，尊重人性，使我们的管理真正达到“无为而治”的境界。

首先是尊重人。曾有一家韩国公司的一名清洁工为保护公司财产，与歹徒进行殊死搏斗，事后有人问他这样做的动机，他说当总经理从他身边经过时，总时不时地赞扬他扫的地很干净。你想，一个职位低微的清洁工能不惜生命来保护公司财产，为什么？这是因为他得到了公司领导对他人格的尊重和对他工作的肯定。所以，尊重人，是我们做好管理的前提。

其次是满足人的需求。马斯洛的需求层次理论告诉我们，人在低层次的需求得到满足以后，就会产生高层次的需求，找出人的需求层次并通过适当的方式加以满足，是我们管理成功的一大法宝。

最后是从人性的角度规范人的行为。有些公司在管理上比较简单、粗暴，结果使得员工要么战战兢兢、察言观色，要么干脆一走了之，这样的管理最终会妨碍公司目标的实现。因此，我们要从人性的角度出发，探讨和摸索一些新的管理模式，以新的管理理念指导管理工作，规范人们的行为，获得员工与企业的双赢。那么，我们应该怎样实行人性化管理呢？

1.在对员工尊重和信任的基础上进行管理

评价管理质量的高低，有一个重要的参考标准，那就是员工工作效率的高低。管理工作的高效率，需要员工的密切配合。因此，在管理中，我们一定要尊重员工，在进行授权时，基于对实际状况的认知，我们要对员工的工作能力予以信任。无数事实证明，管理者信任员工，员工就能够有出色的表现；如果管理者不信任员工，那么一方面可以不对员工进行相应方面的授权，做到“疑人不用”；另一方面，就要改正自己的观念，做到“用人不疑”。只有这样，才能充分发挥员工的工作积极性。

2.提倡员工自我管理，不要片面依赖硬性管理

最好的管理，莫过于让员工都能够自律。所以，依靠制度进行管理，很大程度上是依赖于一种外力，这样一

不需要管理的管理，
即员工实现自我管理，
核心在于“意义”。

来，在外力存在时，员工可以规范地投入工作，一旦这种外力有所松懈，员工的工作质量就会下滑。我们可以通过人性化的管理，使每个员工都成为一个管理单位，增强员工的自我管理能力，这样，通过内在力量实现员工的高效工作，还可以促进员工个人能力与素质的增长。

3. 制度界定做事的性质，情感激励员工做得更好

管理中，制度可以界定做事的性质，比如做哪些事情是公司提倡的，哪些事情是公司不允许去做的。可以说，简单地用制度进行管理，可以引导员工去做正确的事情，不做错误的事情。但是，如果想让员工发自内心地希望做得更好、发挥出超常的水平，还是需要我们进行人性化的管理。人都是有感情的，在管理中，如果我们能够注意员工的感受，用情感去打动员工，引导员工，那么员工就会比我们想象中做得还要好。

我曾经听说过，一家民营教育集团的老总在每次过春节时，都会亲自打电话到员工家里，向员工的父母致谢，对员工的父母嘘寒问暖，而且还会给员工的家人购买过节礼物，请员工回家时将这些礼物带给自己的父母。人都是将心比心的，该集团老总的用心付出，打动了无数员工，后来这家教育集团成为当地规模最大、实力最雄厚的领航者。

有目标的经营，管理才能有的放矢

有目标的经营，管理才能有的放矢，为此企业一定要知道下面的道理。

1. 目标是企业前进的方向

清晰明确的企业远景规划是制定战略的先决条件，倘若没有确定好企业前进的方向，也不清楚在竞争中需要建立哪些能力才能获得成功，那么，企业战略制定及经营决策就会因为没有明确的指导，而如同在黑暗的大海中航行的轮船缺乏明亮的灯塔那样，绝没有可能取得成功。

好的目标体系，能够使企业的各级执行者在采取行动的时候明确方向，获得更好的成效。同时，好的目标体系具备一定的挑战性，这样的目标往往能使企业更具创造力，增加员工的紧迫感和自豪感。换句话说，卓越的目标能够成就卓越的企业。

在成功的企业中，领导层必须设计一个明确的远景目标，这个目标明确了整个组织前进的方向，不论对客户、股东还是员工都有很强的吸引力。基于理性的分析和思考，再加上一部分梦想的成分，一个清晰、明确的远景蓝图就会产生。顺驰公司就是这样，他们制定的是一种追求第一的企业战略目标，称之为高目标。他们认为：只有第一，在市场风险中才具有最强大的抗击打能力；只有第一，才能在市场中最有效率地生存；只有第一，才是最能激发员工激情的企业远景；也只有第一，才能够十分清晰明确地指引公司的全体员工向着同一个方向努力，指导公司前进。

如果一个企业的战略目标不明确，那么它的管理活动就会迷失方向。对那些目标不清晰的企业来说，内部管理也会一团糟，因为没有人知道前进的方向是否正确，没有人知道自己的目标是否能够达成，也没有人知道自己的努力是在加速成功还是在加速失败，更没有人知道企业明天会怎样。所以，企业要想真正获得前进的方向和动力，前提就是要有明确的企业战略目标。

2. 任何一项工作都必须以目标为中心

没有目标的行动与梦游没有什么两样。如果在工作时没有目标，就会失去方向，这样自然不利于提高工作速度，更不要说什么更高的绩效了。如果想让企业现有的效率有所突破，达到更高的水平，首先一定要确定目标。猎豹是众所周知的捕猎高手，它之所以有如此好的捕猎成绩，是因为它在每次捕猎行动前，总是先锁定一个清晰的捕猎对象。

不管做什么事都要有个目标，如果确定的目标被证明是正确的，那就应该像卫星导航船一样，坚定不移地为目标而奋斗。风平浪静时，卫星导航船将一直朝着它要到达的港口航行；当风起云涌时，卫星导航船即使在狂风暴雨中也会一直坚持着它的航线。卫星导航船在海中航行时永远只会看到一样东西，那就是它所要到达的港口。经营企业也是一样，要有清晰的目标。

3. 目标设定的关键是明确与合理

在设立目标时，你的目标必须是明确的，否则你付出的努力再多也是白费。这就犹如一个弓箭手，如果无法看清靶心，姿势摆得再正确、弓拉得再满也没有多大意义。

企业不能没有目标。企业有了一个明确的目标，才会使企业员工产生共有的信念和期望的模式，才会产生较强的凝聚力，员工才会产生强烈的责任感，才会有员工个人的业绩与企业整体的业绩，才会有在激烈的市场竞争中立于不败之地的资格。

制定一个合理的目标是实现目标的一半。目标关键在于它的内容而不是它的形式。设定目标很关键的一点是为企业成员设定个人目标，个人的一年、一季度甚至一个月的目标。只有把目标分解到个人，才能使目标完成的效果更好。

那如何制定合理的目标呢？

第一条：制定尽量少的目标，如果目标太多，到最后肯定哪个都实现不了。企业从上到下都应该知道什么是我们的优先目标（少数目标），是我们要优先完成的任务。

第二条：我们要制定大的目标，目标可以少，但这个目标一定要制定得足够大。要让这个目标有挑战性，要让人跳起来才能够完成、才能够得着。

第三条：制定的目标要是现实的，如果我们的目标让员工跳起来都够不着的话，那么这个目标肯定是没办法实现的。

第四条：作为管理者要学会用目标来引导和管理团队而不是人盯人，不是你来盯住这个下属，让他这样或者是那样来做事情。

第五条：应该把目标量化，如果一个目标不可以测量、量化的话，那么你就很难进步、很难实现它。

第六条：目标要和措施、资源相匹配，可以有一个很大的目标，但如果这个目标资源和措施不相匹配，那肯定没办法去实现它。

第七条：当局面困难危险时，我们需要短期、具体、小的目标。因为短期目标比较容易实现，当你十次、二十次地实现了短期目标的时候，会发现你的大目标也实现了。

第八条：目标应该有书面的记录，很多企业不把自己的目标书面记录下来。结果到了年底检查工作的时候，发现大部分的目标没有实现，但是又没有办法对证。所以，作为管理者应该具备的一个很基本的习惯就是把目标记录下来。

目标的实现有很多影响因素，而一个明确且合理的目标是能够实现它的基础和前提。不单单是企业应该如此，个人的目标制定也应牢记并遵循这一点，只有明确合理的目标才具有实现的最大可能。

4. 目标只有切实可行才会有效

关于目标与企业的关系，中国有句古语叫“人无远虑，必有近忧”。作为企业来说，切实可行、高瞻远瞩的企业战略目标是必不可少的。目标管理是企业为了实现自身的任务与目的，根据企业所处的环境，从全局出发，在一定时期内，为企业组织各层面从上至下制定的切实可行的目标，并且企业各层级人员必须在规定时间内完成的一种管理方法。目标管理作为现代化管理方法之一，在实践中不断发展，现已成为企业管理的重要组成部分，被誉为“现代企业之导航”和使企业起死回生的有效手段。

目标应该不是伸手可及，但也不可好高骛远。许多人在读过成功励志的书籍以后，往往会因一时激动而立刻拟订无法达成的大目标，结果大都是踌躇不前。这种情形等于是把挫折当成了目标。做事情一定要量力而行、一步步来，设立目标也是同样的道理，目标只有切实可行才会有效。

所以，企业经营者在为自己的企业制定目标时，第一要切合实际，兼顾理想与现实；第二要尽量缩减目标事项。确定目标前，要确信企业有足够的竞争力、员工有足够的能力和潜质，能齐心协力共同为实现公司所制定的目标而奋斗。好的目标是能够被量化与测量的，在服从于切实可行的基础上，再结合具体的方法，以便获得预期效果。切实可行的目标，应该是由领导与员工一起制定和实现的。作为企业领导，不仅仅是制定奖罚机制以及督促员工努力工作，而是做到与员工并肩作战，向他们诠释清楚目标设定的依据及实现的最佳途径。

每个企业的成员包括管理者自身都要根据自己的情况来设定可行的目标，不能定得太高，也不能定得过低，要切实可行。只要你能定下切实可行的目标，然后按照这个目标去努力，目标就可以实现。

企业与人生一样，有许多成长发展的阶段，必须量力而行以做到循序渐进。人的成长要先学会翻身、坐立、爬行，然后才学会走路、跑步。每一步骤都十分重要，而且需要时间，没有一步可以省略。同样，企业的各个发展阶段也莫不如此。管理者了解了这一原则，根据企业每个不同时期的情况制订相应的目标计划，才能少受挫折，最大限度地去实现企业利润的最大化。

案例　三星集团的制度管理

三星集团是韩国的第一大企业，同时也是一个跨国的企业集团，业务涉及电子、金融、机械、化学等众多领域。三星电子是三星集团旗下最大的子公司，目前已是全球第一大手机生产厂商、全球营业额最大的电子企业，其2015年的全球企业市值为1950亿美元，2016年被美国《财富》杂志评选为世界500强企业第13名。三星集团是家族企业，由李氏家族世袭，旗下各个三星产业也均为家族产业，并由家族中的不同成员管理，目前的集团领导人已传至第三代。

三星电子作为一家家族企业，在企业经营中，高度重视制度管理的作用。三星对每一个职员都有非常系统的教育计划，员工在担任相应的职务期间，三星的高层会把所有工作的管理权限大胆地下放到每一个人的手中，但在放权的同时，还会有一套规范的制度体系进行制约。这种非常大胆的权力下放，以及规范制度的约束，使得管理工作一松一紧地发挥作用，这也正是三星人才培养成功的重要因素。

在三星集团内部，按照能力给予“待遇”是三星电子的一贯做法。三星电子首席执行官的年薪中，基本工资所占比重只有 25%，其余 75% 是按照股价上升率和效益性指标来发放的。在家族企业中，制度的力量最容易受到忽视，然而在三星，我们发现个人权力在制度的框架内，整个制度管理推动企业不断地向前发展。我们看一下三星的发展轨迹：

60 多年前，三星刚刚问世，当时只是一家小商铺；

30 多年前，三星在为日本三洋公司打工；

10 多年前，三星在世人心目中还只是普通的廉价品牌；

现在，三星已经成为世界级的 500 强企业。

可见，不管企业采取什么样的组织形式，都不影响制度管理的运用，即使家族企业，也可以在制度管理中取胜。所以，"制度管理"应该成为所有企业的共识，如果没有制度，那就难成方圆。

第 3 章 全员经营：人人都是CEO

组织管理的终极目标：

员工具备老板意识

人们习惯性地认为，产品能够卖出去就是企业经营的全部。事实上，营销只是经营企业的一个重要环节。经营企业是一个系统工程，企业要实现生存发展、基业长青，除了靠开源节流的手段外，还要全体员工共同参与经营企业才行。员工参与经营，就要改变传统的雇佣关系，让“要我干”变成“我要干”。

你的企业是不是经常出现这样的问题

改革开放以来，中国已经成为世界第二大经济体，世界开始关注中国企业的发展，聚焦中国的企业管理。中国的企业管理方式尽管有很多可圈可点的地方，但是还存在很多现实的问题，主要表现在以下几个方面。

做企业必须要认知的几个关系：

1. 多与专；
2. 快与慢；
3. 大与小；
4. 家与业。

1. 员工被动工作，领导疲于救火

由于企业的责任体系不清晰和合理的价值分配体系没

有建立，表现好的员工没有得到相应的肯定和奖励，表现不好的员工没有得到应有的批评和惩罚，导致员工工作的主动性、积极性不高，企业要员工做什么，员工就做什么。正是因为员工工作没有积极性，企业领导就会经常为下属的工作“买单”，疲于应付，不能有更多的时间来思考自己的工作，也很难在工作中有新想法，企业管理水平难以提高。

2. 人力资源内耗严重，不为公司创造价值

企业存在的根本理由是获得利益最大化，但是，有些公司人力资源内耗严重，员工之间互相拆台，不为公司创造价值。甚至有的员工会有这种想法：“我自己工作不好不要紧，但要想办法让周围人的工作比我差，只要我不是最差的就可以”，这是由不合理的绩效评价体系导致的员工的心理扭曲。华夏基石管理咨询集团通过对国内 50 家中型企业（年产值 1 亿~20 亿元规模）进行调查后发现，企业中 40% 的员工是不创造价值的，他们的主要工作是应付上级检查、开会、监督其他部门工作和传播一些非正常渠道的信息，这些人不但在公司生存得很好，而且还安逸稳定。

3. 员工薪酬越来越高，工作热情不升反降

随着物价上涨，员工对涨薪的期望越来越高，虽然很多公司不断地提高员工薪酬，短期内满足了员工涨薪的愿望，但“幸福感很短暂”，员工的工作热情很快就消失。企业员工在工作的过程中经常感到迷茫，往往不知道自己

为谁工作。员工工作不仅是为了获得物质回报，也是为了实现自身的价值。企业要不断地对员工的满意度进行调查，根据员工的需求，采取多种激励手段，提高员工的工作热情。

4.员工围绕领导转，没有围绕客户转

企业生存的根本是获取利润，企业利益相关者中唯一对企业"贡献人民币"的是客户，客户是我们的衣食父母，我们应该要关注我们的客户，围绕客户来提供产品或者服务。但是，企业中经常出现员工不是依据客户需求，围绕客户转，而是围绕领导转，因为他们认为客户决定不了他们的命运，而企业领导可以决定，造成这种现象的原因是企业对员工的绩效评价体系出现了问题。

5.员工之间互相猜测，产生信任危机

中国有些企业在两个层面出现信任危机，第一个层面是企业家和职业经理人，企业家担心职业经理人没有尽职尽责去工作，职业经理人担心企业家给他小鞋穿，他们之间没有信任，有的只是互相猜测。第二个层面是员工与员工之间，有些员工喜欢传播小道消息，传播负能量，喜欢猜测别人干了什么事情，喜欢讨论公司内部的八卦事情，致使员工在相互猜测中工作。

6.企业要招的人招不到，想留的人留不住

虽然2013年中国各类学校的毕业生有近1000万人，截至2013年8月，仍然有很多学生还没有找到工作，表

面上看好像是企业人才过剩，而实际上是很多企业招不到合适的人。很多企业想留的人留不住，不想留的人又请不走，企业内部的人力资源不足，核心人才留不住，这主要是因为企业的招聘和辞退机制不清晰，企业内部的评价体系不明确，造成企业冗员和短缺并存。

7.好人吃亏、坏人得志

正如美的集团的何享健所说“企业中存在好人吃亏、坏人得志”的现象，很多时候员工宁愿做南郭先生，也不愿意做“活雷锋”。无论在国有企业还是民营企业，总有一部分人是在混日子，企业虽然讨厌这些“滥竽充数”的人，但是由于没有好的价值评价体系而无法评价他们。他们不但生活得很好，而且还笑话企业中的“活雷锋”。而这些“活雷锋”无论怎样努力，也得不到相应的肯定。同时，企业中也存在一些“拍马屁”的员工，他们的工作不是履行自己的岗位职责，而是传播小道消息，给领导“擦皮鞋”，使领导在月底或年底的绩效评价时给其打高分。

8.部门小团队挺和谐，企业大团队不协同

中国企业的“领导”本位意识很强，很多领导表面上都是为下属考虑，与其他部门发生争执的时候，不管下属做对做错，都是站在下属的立场，为下属讲话，以树立其在部门内的权威，这其实是自我崇拜的表现，是小团队的英雄主义。

企业中这样的小团队是比较多的，这些团队成员之间很和谐，每次在对别的部门或者公司时能够“立场一致”。

但是，在公司这个大团队中，小团队之间却很少交流，更难谈到协同，致使企业内部出现分割，各部门过分考虑小团队的利益，部门间经常出现扯皮现象。

从企业管理中存在的几个问题中我们可以看出，这些问题出现的根本原因是企业的价值评价机制、员工工作的动力机制、责任体系划分不明确。中国企业的强大之路还很漫长，还需要不断地努力。年轻的中国企业在这个时期理论上正是奋发向上的时期，但是，企业的“早衰”现象却层出不穷，很多企业在经过一段快速发展期之后就会遇到瓶颈，发展规模难以突破，企业的经营业绩很难继续提升上去。一家企业规模的大小主要依靠企业家个人的精力和魅力来支撑，企业家虽然想了很多方法，采用了多种方式来改进，但是，很难获得实质性的突破。

这些企业怎么了？为什么会出现这种非经营问题比经营问题更难解决的现象？为什么员工不像创业期那样拼命地工作？为什么企业实施了信息化，企业的运营效率还是低下？为什么领导在与不在，员工工作热情差距很大？为什么员工做任何事情都要等着领导来决定，即使决定是“错的”，大家还是遵守而不反对？这一切问题的答案在哪里？企业的决策者们还在困惑着……

破局：让“要我干”变成“我要干”

企业现在遇到的问题都是发展过程中遇到的问题，解决中国企业问题的关键就是要员工从“要我干”变成“我要干”。这需要通过良好的企业文化和经营机制的创新来实现，机制是否合适主要看企业载体的两个活性细胞，一个是组织的积极性，另一个是员工的积极性。如何提高组织和员工的积极性，不仅仅是解决企业发展的问题，也是决定企业未来生命力的关键要素。

组织为了实现一定的目标，通过分工与协调，使承担一定责权角色结构的人整合起来的有机体。

1.提高组织层面的积极性

组织层面的积极性分为四个方面：

（1）组织的运营效率，体现在组织管理的幅度和深度，包括组织传递信息的效率和真实度。

（2）组织的运营成本，表现在沟通成本、协作成本和管控成本等方面。

（3）组织的变革能力，企业面临着复杂多变的环境，组织能否在不断变化的环境中调整适应的能力是组织生命力的关键，组织应该能够像变形虫一样适应环境，只有高效率、低成本，能够适应环境的企业，才有强的生命力。

（4）组织的协同能力，也就是不仅要实现组织内部各个要素的有机协作，同时，也要让组织在与外界环境的相互影响中取得动态平衡并且不断优化。

具体来说，主要有下面四种情况：

（1）企业的运营效率。

企业的运营效率不仅影响着企业的市场响应速度，也影响着企业资本的周转速度，当企业资本周转速度变慢时，企业的运营成本也间接地受到影响，所以企业运营效率是影响组织积极性的一个关键因素。

传统的企业组织结构随着企业规模的扩大而变得复杂，体现在组织管理层级逐渐增加，管理幅度逐步加大，决策层与执行层跨度加大等方面，这造成企业执行效率下降，企业的信息传递只能层层传达，延长了整个信息的传递时间，降低了市场反应速度和运营执行效率。这种“命令式金字塔管理”一旦控制不了，企业就会丧失生命力。在层层的信息传递过程中，由于企业内部信息链增加而造成信息节点增多，每个传递点都有信息失真的可能，这些“失真”的信息可能“误导”企业的决策，进而使企业面临决策风险。

（2）企业的运营成本。

企业的运营成本一般分为有形成本和无形成本两个部分。

有形成本就是企业实际的运营成本，随着企业规模的扩大，企业的人员、办公、管理费用都在增加，而且企业为了有效保障经营，也会逐渐设置新的部门，如审计、监察部门等，这些部门的设立必然会增加运营成本。

有形的成本是看得见的，无形成本往往是看不见的，但是更加影响企业效益，无形成本包括效率成本、协作成本，它们往往是影响企业成本的关键因素。

效率包括资产效率和员工效率，资产效率的下降会造成企业资产周转率降低，资产效率不能得到充分发挥，无形中会增加企业的运营成本。在运营中，资产效率成本往往被中国企业忽视，它也是隐形吞噬企业利润的关键因素。

比如华润雪花啤酒为了提高资产效率，在其2010年的绩效考核中专门增加了资产效率指标。对啤酒生产的设备、周转箱、备品备件的使用效率进行考评监控，使企业产品的价格获得竞争力，在低利润的啤酒市场获得竞争优势。

企业员工不是越多越好。人员多，不但生产效率没有提升，反而使扯皮现象会增加，企业运营效率和成本都会提升。

广东燕京啤酒狠抓员工效率管理，他们自己建立了一套员工效率提升的方案，即在合理的定岗定编情况下，"五个人的岗位，三个人来干，拿四个人的钱”，使员工和企业的积极性都得到提高。

协作成本包括协调成本和沟通成本，它们之间是相互关联的关系。随着企业规模的扩大，企业部门之间的协调难度和复杂程度都在增加。

据华夏基石的一项调查结果显示，中国企业的高层管理者约60%的时间、中层管理者约80%的时间都花费在企业内部的协调工作上。企业管理者常做的事情是以会议为代表的沟通，因此沟通成本也在不断增加，而且由于专业化的分工使人们更加关注自己狭窄的专业领域，员工只考虑本部门利益，造成部门隔阂，使沟通困难。

在一些快速消费品企业中，经常出现生产部门和营销部门为了生产计划调度而扯皮的现象。在科技型企业中，经常出现部门为现有研发产品是否适合销售而产生争论的现象，这些协调成本的增加往往是企业无形成本增加中最大的地方。

企业运营成本的增加会逐步吞噬企业的利润，造成企业的竞争力下降，影响企业的生命力。企业除了要对组织的有形成本进行日常的核算外，更要对效率和协作的无形成本进行核算，对每笔开支都要考虑投入产出比，使企业的每个组织都成为利润中心，为企业创造价值。

企业的一切工作都要围绕价值创造来考虑，企业围着经营转，经营围着市场转，市场围着客户转。只有具有强烈的客户意识，强调内、外客户圈（外部市场客户和内部上下游客户），企业才有发展希望，才能够形成做大、做强、做久的基础。

（3）组织的变革能力。

企业是社会的企业，企业要不断适应社会的环境才能够生存。世界的经济周期已经缩短至2~3年，市场环境瞬息万变，企业要有很强的柔性能力和变革能力，要不断依据内外部环境进行组织变革，形成配套的管理机制。

组织变革是指运用行为科学和相关的管理方法，对组织的权力结构、组织规模、沟通渠道、角色设定、组织与其他组织之间的关系进行管理，对组织成员的观念、态度和行为，以及成员之间的合作精神等进行有目的的、系统的调整和革新。

企业在发展过程中要不断审视组织运行环境，进行组织变革。企业在内外部环境变化时要能够不断整合与变动企业资源。若变革成功，就会为企业的未来发展带来机遇；若变革失败，就使企业丧失竞争力，甚至是生命力。因此，企业组织变革不但有成本，更有风险，这就需要组织有能够适应内外部环境变化的强大变革能力，这样才能不断提高企业的生命力。好比华为之所以能够成为世界级的企业，就是因为它能够不断地根据外部环境变化进行组织创新，使公司的运营效率始终保持在较高的水准上，一直保持较强的企业竞争力。

（4）组织的协同能力。

组织之间要相互合作与促进，最终实现“1+1>2”的效应。现在中国大部分企业都包含多个业务单元，每个业务单元都有受过良好训练、经验丰富的管理人员和优秀员工。但是，许多业务单元之间无法协同工作，它们的工作目的各不相同，目标也互相矛盾。与此同时，组织外部的环境瞬息万变，内部的不协同再加上无法适应外部的快速变化，结果导致企业业绩不佳、错失良机、浪费资源，企业创造的总体价值小于各部分之和。

成功的企业，在外部必须与其所处的环境一致，其内部之间（包括集团公司产业链之间）也必须协同，行动保持步调一致。例如，在稻盛和夫创建的阿米巴经营中，营销“阿米巴”、生产“阿米巴”与研发“阿米巴”相互合作与促进，营销人员保持对市场的关注，将最新的市场动态提供给研发部门，研发人员将产品的设计思路与营销人员、生产人员进行探讨，最终保证产品既反映市场需求，又实现内部各单元之间的合作。

2.提高员工层面的积极性

员工层面的积极性主要来自四个方面：

（1）良好的企业文化，也就是良好的工作氛围、人际关系等，让员工有良好的工作归属感。

（2）宽广的发展平台，员工要有宽广的工作平台、深度的职业发展空间。

（3）职业生涯规划，让员工清楚未来的发展道路，有良好的工作成就感。

（4）有竞争力的薪酬激励机制，让员工的努力付出得到相应的回报。

具体来讲，主要有下面四个方面的因素：

（1）良好的企业文化能够营造良好的工作氛围。

这种良好的氛围能够使员工心情愉快，加强员工对企业的认同感、归属感。

好的文化应该能够统一员工的价值观、培养员工的积极心态、引导员工的行为。如果一家企业的文化是积极的、充满活力的，那么员工就会被这种文化氛围所感染，并把这种文化传递到其他人身上，企业的优秀传统也就能继承下去。良好的文化氛围能够使员工的工作热情、精神面貌焕然一新。

相反，不良的企业文化或者没有沉淀总结的企业文化，一方面会形成沉闷的工作氛围，员工在企业中没有归属感，另一方面也容易让员工在工作中犯错误。因为员工不知道公司倡导什么，反对什么，而且在"没有文化品位"的公司中，员工会过分地追求物质回报。在这种文化氛围下，有多少员工能够全心全意地把心思放在工作上呢？又有多少员工愿意为企业的发展贡献自己的才能呢？

比如百度公司可以让员工在不影响别人工作的前提下拥有属于自己的活动空间，他们可以在自己的活动空间中穿着拖鞋听着音乐去工作。IBM的研发人员不限工作地点，只要完成工作，即使在家工作也没有问题。

再比如齐鲁制药提倡一种"家"的文化，让大家在这个平台中工作有种"家"的归属感。

所以，倡导正能量的企业文化的公司，员工的工作归属感很强，并且都自主努力地工作。

（2）员工在企业中拥有良好的职业发展平台。

一批优秀的人才可以成就一家好的企业，一家好的企业也能够成就一批人才。员工愿意选择有良好职业发展平台的企业，在这个平台上，员工工作有快乐感，对自己的职业空间有无限的遐想，愿意为实现自己的理想而发挥最大的才能。

中国速冻食品企业中著名的郑州三全食品，其公司之所以能够做大做强，和它不断吸引人才，为人才提供发展空间是离不开的。

世界日化巨头宝洁公司的人力资源理念之一就是让企业所有的员工能够看见自己在宝洁公司的职业发展之路，并且路径的标准清晰可见，员工只要符合条件就可以实现职业升迁。

海尔电器新入职员工的待遇并不高，但是为什么能够吸引一流院校的毕业生去工作？因为海尔能够给员工提供一个良好的职业发展平台和才能施展平台，无论以后员工是继续在这个平台上工作还是有新的发展机会，拥有海尔的工作经历都能够为员工的职业发展提供资本。

（3）良好的职业生涯规划是提高员工积极性的关键。

中国企业在发展的过程中，有时候会过多地考虑组织层面的成长，而对员工层面的成长考虑较少，甚至没有。这些员工会在一段时间的工作后产生职业“怠倦期”，而员工的选择无非两种，一种是跳槽，另一种是沉默。

良好的职业生涯规划是提高员工积极性的关键环节，也是宝洁等国际公司留住人才的关键。企业拥有职业发展空间是基础，为员工设计个性化的职业发展需求与道路是关键。

员工的职业生涯规划主要包括以下三个部分：清晰的任职资格体系、明确的晋升制度和为员工提供的职业生涯指导。

清晰的任职资格体系是指让员工了解企业不同层级的

人员任职的要求，这样便于企业在选拔员工时有标准，而且也有利于员工有目标、有针对性地提升专业技能和绩效水平，进行自我完善。清晰的晋升制度体现了公平性、竞争性的原则，同时又能够让员工进行自我选择，使绩效优秀的员工能够获得平等的竞争与选拔，让每位员工的努力得到应有的回报。为员工提供职业生涯指导，可以通过发放职业生涯手册、开展研修班、核心岗位继任计划以及建立职业生涯咨询中心来实现。在明确每位员工的职业发展需求之后，帮助他们了解企业能为他们提供的个性化发展道路，并在适当的时候为他们提供培训，在条件成熟的时候，对他们进行晋升。

例如，在宝洁公司中，对每位员工的职业发展都极为看重，并为此专门制定了一套工作绩效评估、目标设定以及审核职业生涯规划的体系。宝洁公司的领导希望能够最大限度地开发所有员工的潜力，通过培训体系与教练辅导等方式为员工提供尽可能多的支持，让他们尽快实现自己的事业目标。宝洁公司创建的培训体系在业内享有很高的声誉，它在美国总部创建了专业培训学院，在中国，宝洁也开设了专门的培训学校。公司通过为每一位员工提供独具特色的培训计划和量身定做的个人发展计划，使他们能够发挥出更多的潜力。

（4）获得与付出相匹配的薪酬激励回报。

这是吸引员工、留住员工、用好员工的关键要素。员工不仅在意自己在公司的收入是多少，而且也会在意自己的付出是否会获得相应的回报。这个回报不仅仅是金钱物质层面的，还包括培训机会、职业发展等非物质层面的。

中国现在有不少企业的薪酬激励仅仅停留在金钱物质层面，而没有其他非物质激励，这样容易误导员工将索取报酬作为唯一的工作目标和动力，凡事都为了钱而做，没有利益就不去做，急功近利，从而使员工的价值观出现偏差。根据马斯洛的需求层次理论，员工在获得了最基本的生理需求、安全需求之后，会有社交需求、自尊需求以及自我实现需求。而物质激励则更多地让员工停留在“生理需求”这一层面上。在赫兹伯格的双因素理论中，工资报酬属于“保健因素”，它的提高只能消除员工的不满，而不能使员工真正满意。

为了发挥好行为导向作用，想要激励员工，有效的非物质激励是提高员工满意度的重要途径，这种非物质体现在学习培训机会、职业生涯规划、对工作成绩的认可等方面。虽然一位员工在企业的回报有多个方面。但是有竞争力的薪酬需要兼顾激励性和区分性。如果员工干多干少、干好干坏都一样，这样即使员工工资水平提高，员工的积极性也不高。

“打工”心态究竟害了谁

有一家玩具生产企业，年轻的老板对员工的工作积极性深感担忧。在与员工的沟通中，有些员工甚至毫不避讳地说：“我已经完成了我该做的，你说的这事和我没有关系。”这句话大多数企业员工也许不会说，但他们确实会这么想。他们认为自己是为企业打工的，是用自己的劳动换取薪水的，每个月拿那么点工资，凭什么去做那么多工作？再说了，应聘进入公司时，自己应聘的是什么职位，上班后做好本职工作就行了，往身上揽其他的工作不是给自己找事儿吗？只要对得起自己的薪水就行了，多干了还不是白干！

持有这种想法的人还算是不错的，毕竟他们知道做好本职工作。相比之下，有些员工的打工心态更严重，他们甚至连自己的本职工作都不好好干，能偷懒就偷懒，能敷衍就敷衍，混一天算一天，混完一个月就领一个月的薪水，干吗那么傻认真呢！

这种“我不过是在为老板打工”的想法在很多企业的员工中十分普遍。关于“打工”心态，有人曾做过一项专门的研究，总结起来大概有以下具体表现（见下表）：

心态类型	具体表现
浅尝辄止型	没有深入研究自己的工作岗位，满足于现状，不愿意学习，怕麻烦，满足于一知半解
拈轻怕重型	工作时偷懒、拖延，千方百计躲避脏活、累活，以少干活为荣，还自以为占到了便宜
嫉贤妒能型	自己不努力，还怕别人表现得比自己优秀，对于比自己强的人百般掣肘
自相残杀型	为了拉业务、比业绩，不惜自相残杀、互相算计，结果两败俱伤
麻木不仁型	只关心自己的薪水，不关心公司的其他事务，整天浑浑噩噩
推诿扯皮型	做事马虎，心态浮躁，遇事推卸责任，给自己找借口，总有理由，没理也要搅三分
心存侥幸型	做事草率、冒失、糊弄，出了事就开始装可怜，说“我也没想到会这样”
制造麻烦型	满腹牢骚、怨恨，暗中诋毁老板、同事，故意浪费生产材料，存心不让别人好过
得过且过型	对自己说：反正就是打工，干嘛那么积极？差不多就行了，干一天是一天，也不打算一辈子在这儿干
看人行事型	不把心思放在工作上，老放在投机取巧、逢迎拍马、寻找靠山上，到处拉关系、搞人情
聪明过度型	没好处的事情坚决不干，见别人干了额外的事情，还冷嘲热讽
利字当头型	发现问题不及时提出来，明明能解决的不解决，能三天解决的偏要拖一个星期，反正觉得造成了损失与自己无关：“让我解决是吗？给我加薪吧，给我加班费吧！”

不可否认的是，以上这些打工心态的存在，除了与员工自身的素质、心态有关，跟企业制度也大有关联。很多老板都抱怨员工素质低、责任心差、职业素养差，其实这不是根本原因，根本原因还是在于企业的制度不合理。

在传统的雇佣制企业中，企业与员工是雇与被雇的关系，员工工作大都只求达到要求，因此，工作完成的质量普遍都不高。

虽然企业时刻不忘鼓励员工发扬主人翁精神，但是有多少雇佣制企业能给员工主人翁的感觉呢？什么事情都是老板说了算、高层管理者说了算，再好的创意和想法，一旦领导不同意，员工就必须放弃；再好的执行办法，只要领导不满意，员工就必须改弦易辙。可以说，员工的表现取决于领导的评价。在这种情况下，员工的真实才能难以发挥出来，也很少有发表意见的机会，你让他们怎么发扬主人翁精神？没有主人翁精神，就意味着凡事听命于人，这不就是“打工仔”吗？你想让他们没有打工心态都难。

那么，怎样才能消除员工的“打工”心态呢？

1.用合伙共创制代替经理人代理制经营企业

相比之下，如果是在合伙共创制的企业中，很多优秀员工就都有机会入股，分享公司的股权，享受公司的盈利。这就像是一家人赚钱，能让家庭生活得更好，大家都受益。因此，为公司创造价值，就是为自己赚钱，大家当然会努力工作。所以说，要想彻底消除员工的打工心态，还须从源头上行动，必须在顶层设计中用合伙共创制代替经理人代理制来经营企业。

过去的管理其底层一直都是“经理人代理制”，只要是经理人代理制，就会有越来越严重的冗员、浪费现象，只要是经理人代理制，就会让企业陷入无穷无尽的管理中而不能自拔。选择合伙人共创制，是从根本上奠定“经营者思维”。

经理人代理制

【追求自身利益最大化】

2.对员工的打工心态进行适当的疏导

如果说改变企业制度是治本的话，那么对员工的打工心态进行疏导，就是治标。标本兼治、双管齐下，才能更好地消除员工的打工心态。在这方面，有一个例子对企业老板有很大的启发意义。

杰克是一家贸易公司的员工，工作了一年后，对工作十分不满，为此他总是在朋友面前抱怨工作：“我每个月拿那么点工资，做那么多工作，太不值了，再这样下去，总有一天我要辞职。”

朋友问他：“杰克，你对贸易公司的业务都清楚了吗？弄懂了吗？”

杰克说：“还没有。”

朋友又问：“我知道你很恨老板，如果你想报仇，我建议你先静下心来，认真地工作，把一些贸易技巧、商业文书和公司组织等完全搞清楚，然后再一走了之，去竞争对手的公司，直接和你现在的这个老板对着干，这样不是更解气吗？”

杰克听了朋友的建议后，一改往日散漫的工作习惯，开始认真工作，认真学习贸易知识和技巧，甚至下班之后，他还经常加班研究商业文书的写法。一年之后，杰克再次与朋友相遇，朋友问他：“一年了，我想你差不多都学会了吧，可以拍桌子走人了。”

杰克说：“可是，我最近半年发现老板对我不像以前了，他不但给我升职，还给我加薪。我现在成了老板的左膀右臂。说实话，不仅老板器重我，其他人也都敬重我。我现在工作得很开心。”

当一个人抱着“为自己工作”的心态对待工作时，他的表现绝对会让老板欣赏。作为企业老板，有必要好好地消化这个例子中杰克朋友的智慧，在与员工谈心时，适当地引导员工：

“不为公司着想，也要为自己着想，好好工作，多在工作中学习和提高自己，对自己将来也是很有好处的。”这样或许更能让员工认清工作的意义，更能让员工换个角度去看待工作，激发其工作潜能。

回归：让员工自己当老板

企业要做到以下几点，才能培养员工的老板意识。

1.树立员工的主人翁思想

美国的管理学家大卫·麦克莱兰在谈到授权时指出：“权力激励的目的，是使人感到有权力。换句话说，既然让人做主，就应当使他真正像个主人。”

员工一旦拥有主人翁意识，他们的工作值会跟着增加，潜能也会被激发，甚至让他们下意识地认为“我最重要”。让员工把公司当作自己的事业去努力，他们一定会主动承担起工作责任，更加认真地对待自己的工作。

在著名的德国西门子公司里，员工被普遍定义为“企业内部的企业家”，获得公司高度的尊重，哪怕是刚加入不久的新人也是如此。每一位员工都是公司的主人翁，有权决定公司的前进方向，并有足够的资格享受公司的红利。只有员工取得了成功，公司的价值才会增加。正是这种“员工利益至上”的管理理念，让西门子公司取得了成功，屹立上百年而不倒。

一个缺乏主人意识的员工，假设他的工作值为70分，那么一个具备主人翁意识的员工，他的工作值可以达到100分以上，并且越是公司面临危机，这个数值就越会高涨。

经济危机来临了，某公司为了渡过难关，打算裁员“过冬”。这天，老总将公司各部门的员工召集到一起开会，准备宣布这个令人伤心的决定。但当他看到员工沉重而不舍的表情时，突然又临时改变了主意，脑海中浮现了一个大胆的想法。

他让助理发给每位员工一支笔和一张纸条。纸条上面是一道选择题：“请选择您认为自己在公司中的作用。A.我不重要；B.我最重要。”

几乎所有的员工都选择了答案B，对于A不约而同地不屑一顾。当老总看到员工们这个齐刷刷的回答后，马上严肃地宣布取消裁员计划，无论多么困难，绝不削减一个人。第二天，他让人在公司大门口立起了一块醒目的标语牌，上面写着4个大字：“我最重要！”

从这天起，所有的员工在上班前经过这里，都会自觉地在这块牌子下面行注目礼。这4个字让人热血沸腾，没有人愿意做公司里多余的人，那会让人感觉耻辱，也没有人再像以前那样不关注公司的现在和未来。现在人们终于发现，公司就是自己的家，如果它垮掉了，自己将无处可去。经过全体员工团结一心地共同奋斗，该公司摆脱了经济危机的影响，重新开始盈利。

这位老总的成功之处就在于，他通过这种近乎冒险的方式，激发了员工心中的“主人翁”意识，让员工完成了从害怕自己失业，到害怕公司像家一样垮掉的精神转变，以百倍的积极性努力投入工作，迸发出了前所未有的创造力，最终挽救了公司！

树立员工的主人翁思想，必须在精神上和经济上共同下功夫，精神上的归属意识产生于全身心的参与。当员工认识到他们的努力能够发挥作用，认识到他们是全局工作中不可缺少的人，他们就会更加投入。要使他们全身心地参与，还必须让他们在经济上与企业共担风险，共享利润。

在平时的管理中，应该如何建立员工的主人翁意识？

（1）给员工提供良好的待遇。

人生存最基本的需求都要依靠员工在公司取得的工资和福利的实现。在收入上让每个员工都满意是不太可能的事情，但是待遇要能够满足员工最基本的生活需要才能在最基本的层面上留住人才。

（2）帮助员工进行职业定位。

一部分人不单单是为了自己的工资待遇，他们更注重自己在企业中的位置与个人价值的体现，以及未来价值的提升和发展。让员工在工作中成长，实现自我价值，是让员工建立对公司归属感的关键一步。一般的做法是，当员工在某一职位得到充分锻炼，有能力承担更高职位时，就可赋予他新的职位，让他有一个上升的空间。

（3）向下属灌输“我最重要”的思想。

要让下属明白，他是可以改变一个部门乃至整个公司困境的人；只要他愿意，并坚决执行自己的决策，他创造的价值就是无穷大；让他明白自己对于公司的价值，产生工作自信。只有这样，员工才会和你站在同一个立场，守卫同一个战壕，积极地执行你的工作安排，从而节省掉那些巨大的、无谓的管理成本。

（4）建立命运共同体。

采用一定的手段和制度，使员工与企业的发展紧密相连。很多企业采用股权激励的方法，使雇员效忠公司，他们不但对公司的经理人员、中层管理人员分享股权，而且允许并鼓励普通员工认购公司的股权，让员工可以享受到红利。持有股权的员工自然更关心公司的未来，工作也会更努力。

（5）给公司另一个“家”。

管理人员应该像对待家中的亲人一般把自己的热情送到每一位职工的心坎上而不是仅仅只做一些表面上的文章。当员工生病时要去慰问，当员工生日时记得送上一份祝福和礼物，当员工遇到困难时要及时提供帮助。这样做的目的就是要让员工能感受到领导管理人员对他个人的关心，使他感到自己是公司大家庭的一员。这样他们就会把公司的事看作是自己的事，自觉地承担起责任。这样，一个企业内部就能上下沟通，形成融洽的氛围。

2. 让员工自己领导自己

杰克·韦尔奇被众多媒体誉为“20世纪最伟大的CEO”，是“全球第一职业经理人”的商界传奇人物，自1981年担任通用电气公司董事长与首席执行官以来，短短20年的时间，韦尔奇把通用公司从一个痼疾丛生的超大企业改变成一个健康高效、活力四射、充满竞争力的企业巨人。那么在杰克·韦尔奇的眼里，什么才是最好的管理方式呢？是紧紧控制还是无为而治？是尽最大可能地紧握大权还是放手让员工去干？到底怎样做才算是合格的管理者？

对此，杰克·韦尔奇给出的回答是："管得越少，成效越好！"

习惯于相信自己，放心不下他人，经常粗鲁地干预别人的工作过程等，这是许多管理者的通病。问题是，这会形成一个怪圈：上司喜欢从头管到尾，越管越变得事必躬亲，独断专行，疑神疑鬼；同时，部下就越来越束手束脚，养成依赖、封闭的习惯，把主动性和创造性丢得一干二净。

管理大师杰克·韦尔奇对管理的理解是"越少越好"。他强调过去的管理者是经理，表现为控制者、干预者和约束者；而现代管理者则是"领导"，主要表现为解放者、协调者和激励者。

思科董事长约翰·钱伯斯曾说："或许，我比历史上任何一家企业的总裁都更愿意放权，这使我能够自由地去旅行，寻找更多可能的机遇。"

美国前总统里根也是一位鼎鼎大名的"放任主义者"，他除了关注最重要的事情以外，把其他事情统统交给自己的得力手下全权负责。因此，他能够有更多的空闲时间去打球及度假，但是，这并不妨碍他成为美国有史以来最伟大的总统之一。

多想、多看，少说、少干，这是管理出成效的必须掌握的原则。

美国山达铁路公司总经理史特莱年轻时，自己工作特别努力，但就是不知怎样去支配别人工作。

有一次，他被委派主持设计一项建筑工程。他率领三个下属到一个低洼的地方测量水的深浅，以建筑坚固石基。

当时，史特莱只有二十出头，资历尚浅，虽然有过类似的工作经验，但这是他第一次指挥别人，独当一面。他特别想为这三个下属做出表率，以提高工作效率，在最短的时间内完成工作。因此，第一天，他便开始埋头工作，以为别人一定会学他的样，共同努力。谁知道，那三个下属非常狡猾，他们见这位青年主管这么努力，以为他少不更事，就假意恭顺、奉承他，而自己却袖手旁观，什么也不干。

这样一来工作进展当然不会像预期的那么快。不过，史特莱脑子很清楚，没有被他们的几句好话欺蒙。他思索了一晚，发觉是自己的措施失当，知道如果把所有的工作都揽在自己身上是不行的，那样只会纵容他们，他们自己无须再行努力。于是第二天的时候，史特莱改变了昨天的工作方式，专力于指挥监督，不再事必躬亲，果然成效显著。

很多管理者往往遇到这样的情况，每天走进办公室后，总有员工跑到自己面前说："我昨天的工作遇到了一些问题，请问该怎么解决？"这个时候，很多管理者会发现，当你听完下属的工作汇报后发现这件事情并没有得到彻底解决，而你原本计划好今天要做的工作也因此耽误了不少时间。

假如你的下属崇拜你，你或许会相当高兴。但那以后，他几乎每件事都向你请示，你会觉得如何呢？你是否会感觉自己的时间不够用了，并因此开始检查自己的管理是不是出了什么问题呢？

葛瑞德·杜雷尔有句管理名言："明确地告诉人们自己所希望的事项，然后放手让其自由发挥。"

在一家灯火辉煌的大酒店餐厅中，有一名顾客由于对所叫的牛排不满意，因而叫来该酒店的服务生，原本只是想要抱怨一顿，没想到服务生礼貌地听完他的抱怨后，平和而快速地拿走牛排，并且吩咐厨房另外烤一块新的送来。

对于这件事，酒店人力资源部的主管解释道："我们希望员工在和顾客打交道时能够自己决定突发事件的处理方法。例如当顾客抱怨酒店的食物或者服务时，服务人员应该自己主动去思考并解决问题，而不是事事问主管应该怎么办。"

自信的领导乐意放下自己的权威，并下放权力给别人。通过让权与分权让每个人发挥出最大的潜能，实现自己的价值。彼得·德鲁克曾说："在20世纪，主要让劳力工作者具备生产力就好，而到了21世纪，主要是让知识工作者具有生产力。"员工如果把公司的事情当作自己的事情去做，公司领导又适度地给员工释放权力，那么，员工就能发挥出更多的潜能。领导者要学会放手，因为这样不仅能使你品尝到置身事外的轻松感，更能增加下属对待工作的积极态度。一箭双雕，何乐而不为呢？因此，韦尔奇曾大声呼吁："不要再管理了，赶紧领导吧！"

分享就是价值，共赢就是成功

正如历史是人民创造的一样，企业的历史也是员工谱写的。员工是企业的主人，企业兴，员工荣；企业衰，员工耻。

这是一个浅而易见的道理，“我靠企业生存，企业靠我发展”。这就如天平的两端，一方是企业，一方是员工，要保持秤的平衡，必须达到两方的和谐与统一。

企业的财富要靠员工来创造，员工的成功要依靠企业的发展——没有员工辛勤工作，企业就不能创造价值；没有企业的发展壮大，员工的收入、社会地位、个人成就也无法实现。企业有好的发展，才能给员工带来好的回报。所以我们可以得出结论：企业和员工是鱼和水的关系，是齿和唇的关系，是一种互利共赢的关系。

然而，在日常的工作中，许多员工总认为自己只是一个打工者，自己与企业之间只是一种雇佣与被雇佣的关系，有的甚至还有意地将自己置于与企业对立的位置，心想这家企业倒闭了再找下家，反正都是给人打工。这实在是一种错误的想法，他们没有认识到企业与自己的命运有着千丝万缕的联系；他们不知道企业的成功与发展不仅有利于老板，也有利于自己；他们不知道，只有自己所在的企业不断地发展壮大，自己才会得到发展和成长。要知道，与企业共赢才是真赢、是最大的赢。树立起与企业共赢的思想，才能在工作中赢得老板的赏识和尊重。

作为一名员工，我们必须自觉维护企业的利益，为企业的发展去创造、去努力，使之在市场经济的大潮中乘风破浪，勇往直前。一个只想着从企业那里捞取个人利益，而不顾企业兴衰荣辱的员工，是难以取得大成就的，最终企业也会抛弃这样的员工。

有这样一家大型的销售公司，投入了巨大的人力、物力和财力来筹建自己的数据库开发和网上销售工作，并聘请了一个比较专业的技术总监来负责这个项目的开发。为了使这个项目早点实施应用，老板也给了技术总监不菲的报酬。

谁也没有料到，当项目进入到技术攻坚阶段时，技术总监却突然宣布辞职，除非公司付给他比现在多两倍的报酬，否则他将带着现有的科研成果到别家公司去。事实上，他的报酬已是本行业的最高水平了。

这个技术总监给老板出了一道难题，是留好还是放好呢？如果技术总监就此离开，意味着前期为此项目付出的人力、财力和物力都泡汤了，也就是说这个项目将半途而废。更惨的是，如果技术总监把现有的成果卖给同行业的竞争对手，那么公司的损失将会更大；如果留住这个总监，公司就必须满足他的加薪要求，虽然公司有能力做到，但是，对于这种只注重自己利益，只顾自己“赢”而不顾公司利益的人，如果继续留在公司的话，以后势必会给公司造成更大的威胁。两相权衡，最后，公司决定放弃这个技术总监。

这位技术总监虽然带着前期的科研成果跳槽到了另一家企业，但也没有得到想象中的重用，他的不光彩做法在业内已经传开了。

对于企业来说，更看重的是能够维护企业利益、与企业共赢的人。

上面的案例给我们这样的启示：这个技术总监与老板之间这种“博弈”是无法博出共赢的。

一个员工，如果不把企业的利益摆在首位，哪怕他有再大的能耐，也不能算是优秀的员工。一个时刻只为自己着想的自私的人是难以取得大成就的，最终企业也会抛弃这样的员工。这就要求每一位员工都要有一种“共赢”意识。

当个人利益与企业利益发生冲突时，我们千万不能为了个人私利而置企业利益于不顾。为个人利益而不顾企业利益，或许能够得到一时的好处，但就长远而言是非常不明智的。首先，为了一时小利而损害长远利益是极为短视的，这样做无异于“捡了芝麻丢了西瓜”。其次，为了个人小利而牺牲企业整体利益时，企业因此发展受阻的同时，也会波及员工自身。更重要的是，这样做有悖职业道德，严重破坏自己的声誉，不但于前途不利，甚至还会成为企业淘汰的对象。

只有永远将企业利益放在第一位的员工，才能获得企业领导者的信任和重用，在实现企业整体利益的同时，实现自己的个人价值。

对于每个员工来说，要树立这样的意识：只有企业赢了，员工才会赢。试想，如果我们不努力工作，不认真工作，不热爱企业，不支持企业，企业能发展壮大吗？所以，我们一定要清楚地认识到：企业的前途与员工的个人利益息息相关。

身在企业，我们必须站在公司利益的角度，建设好利益共同体，这样才能保证公司先赢，从而赢得我们自己的那份利益。

分享就是价值，共赢就是成功。只有与企业共赢，才是员工真正意义上最大的赢。

员工自主经营模型之“1523”

员工如何实现“要我干”到“我要干”的转变，如何实现自主能动管理，真正实现类似阿米巴经营模式的自主经营？员工自主经营管理一般通过团队协作的形式得以体现，员工一个人通常无法完成自主管理的全部过程，正如“阿米巴经营”也是通过一个个“阿米巴”实现的有效团队管理。

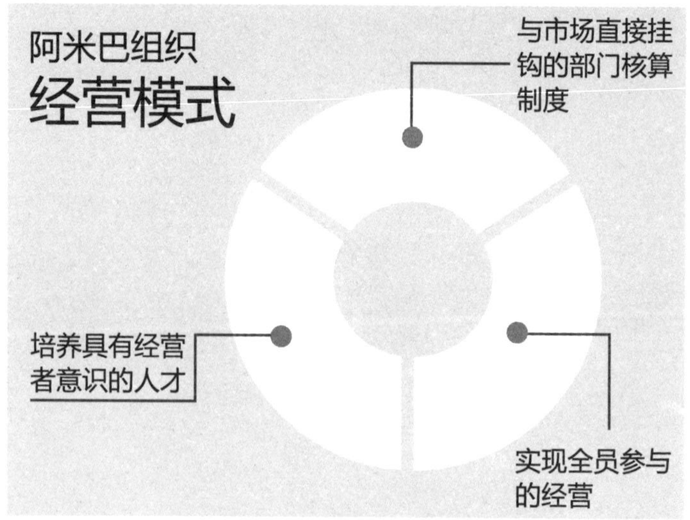

团队管理最早在20世纪50~60年代出现于日本，从那时开始，团队中的和谐一致便成为团队高效工作的关键。日本的企业成功实现和谐主要得益于它的传统文化，即东方文化中的“和”与“礼”，所以在日本，雇主与员工之间可以保持像家庭成员那样紧密的关系。

在20世纪50年代的英国和瑞典，也出现了类似自主管理型团队的管理模式。在美国，金佰利、宝洁等少数几家具有前瞻意识的公司在20世纪60年代初开始采用这种自主管理型团队模式，并取得了良好效果。到20世纪80年代后期，美国将这种团队的概念创造性地发展到了一个全新的阶段。

大部分中国企业现在的发展阶段正从生存期进入发展期，在发展期的过程中，传统的管理模式需要改变，期望实现员工的自主经营管理。

员工自主经营管理是指在遵循科学管理规律和有效管理哲学的基础上，利用企业的整体目标和共同价值观，分析企业内部的业务职能分配，将企业合理划分为小的经营单元。经营单元与市场直接联系，进行独立的价值评价和核算，并赋予经营单元内的成员以决策自主权，使其对业绩结果承担共同的责任。成员能够决定经营单元内部的任务分配与工作计划安排，充分发挥自己的主观能动性，实现“全员参与管理经营”。

员工自主经营管理发挥每位员工的积极性和创造性，挖掘每个经营单元的积极性和创造性，实现企业规模越做越大，经营单元越划越小的目标，最终实现员工的自主经营管理。

员工自主经营管理的基础是员工价值观和企业价值观的一致，这是所有工作的起点。企业价值观要在人性的基础上，遵循社会管理规律，实现企业整体运营效率的提高，成本下降。同时为了解决管控幅度的问题，需要将企业合理划分为小的经营单元，与市场直接联系进行独立核算、评价和分配，并赋予经营单元内成员以决策自主权，使其对经营结果承担共同的责任，实现“全员参与经营管理”，概括来说就是“1532”模型。具体是指“1”个核心：以经营人为核心的经营哲学；“5”大系统：划分系统、核算系统、反馈系统、人才系统和管控系统；“3”大报表：价值核算表、价值评估表、价值分配表；“2”大效能提升计划：组织效能提升和员工效能提升。通过这套体系可以实现员工自主经营管理，提高组织和员工的积极性。

1. “1”指一个经营理念，即以经营人为核心的经营哲学

员工自主经营管理以统一的价值观搭建沟通桥梁，将人心凝聚在一起，以企业目标和价值观为指导，通过经营哲学将员工的目标和行为统一起来，使得全体员工都保持共同的理念和态度，为企业目标和企业发展而奋斗。只有在“以经营人为核心”的引领下，员工自主经营才有存在的基础。

2. “5”指五大系统，即划分系统、核算系统、反馈系统、人才系统和管控系统

划分系统是解决如何将“大企业”划分成“小经营单

元”的组织问题。企业的规模虽然在扩大，但是经营核算单元在变小，企业被划分成很多小的独立核算单元。

核算系统是解决如何快速、简便和有效地核算“小经营单元”的价值创造问题，并能被每一位员工快速理解和掌握。企业存在的目的就是盈利，现在很多企业不知道自己的盈利点在哪里，亏损点在哪里，这就需要我们有一套及时有效的经营数据核算系统，让员工清晰了解经营状况。

反馈系统是管理会计核算并将核算结果及时反馈的系统。稻盛和夫创造的单位时间附加值核算系统就是解决这个问题的好方法，企业核算数据出来以后要及时反馈给经营一线的员工，让他们及时了解经营的成果，这就是数据系统要解决的问题。

人才系统是员工自主经营管理的关键。员工自主经营管理能否有效执行下去，经营长（经营单元的负责人）的数量和质量至关重要。每家企业根据自己的经营哲学建立一套经营长的岗位胜任素质模型，对于准确选拔经营长和培训经营长起到关键作用。

管控系统是通过业绩发表的PDCA循环（又叫戴明循环），这样可以及时对经营过程中出现的问题进行分析，并为下一步改进的方向提供修正的依据，企业存在问题不可怕，可怕的是问题没有能够及时解决。

3.“3”指三张报表，即价值核算表、价值评估表和价值分配表

这三张表的核心思想是个人创造价值与企业价值回报

协同。员工创造的价值如何核算及分配，是决定企业能够将员工自主经营管理体系持续运作下去的基础。员工最在意看到自己的工作结果得到回报，这样能激励他们继续努力，为自己的未来和企业的发展而工作。价值核算表、价值评估表和价值分配表则帮助企业完成这一过程，使员工可以清楚地看到自己的劳动成果，也可以让企业清楚地掌握运行过程中的经营业绩和发展变化。

其中，价值核算表决定了企业价值如何核算，按照怎样的标准和计算规则来进行核算，保证企业价值核算的公平性、科学性和合理性。

日本京瓷公司采取单位时间附加值来进行价值核算，公式如下：

单位时间附加值=（实际收入—实际支出）/总时间

即企业创造的价值要有时间概念，创造同样的价值所需的时间不同，价值大小也会不一样。价值核算结果对员工的价值评估也有影响，也会影响到员工的积极性和创造性。

价值评估表就是对经营单元中每位员工的价值进行评估。一方面使员工能够清楚地看到自己的经营行为对企业的贡献，另一方面也有助于企业综合衡量各经营单元和每位员工的付出与努力是否获得实际价值。

员工创造价值后要进行价值分配，价值分配表是在各经营单元和员工的价值评估的结果基础上，企业和员工之间实现价值分享，使每一位员工能够了解自己应该从企业拿到什么样的回报，从而感受到自己的努力和付出带来的回报，同时也利于企业自身进行合理有效分配。

4.“2”指的是两大效能提升计划：组织效能提升计划和员工效能提升计划

企业在管理的过程中要不断地优化，提升组织能力和个人能力，并实现两者效能的提升。两种效能提升的标准要与企业管理的不同阶段相匹配，组织与员工共同成长，才能让企业实现基业长青。

经营人是员工自主经营管理的灵魂，在这样的理念下，企业构建以人为本的经营哲学，充分信任、尊重员工，然后按照五大系统构建经营单元系统，在三张报表核算的基础上实现员工自主经营管理，这也让以阿米巴经营模式为代表的一些先进管理思想在中国实现本土化成为可能。

实现员工自主经营的四大条件

员工自主经营管理作为一种先进的管理方法，对于中国的企业来说，不是“万用模板”，不可以完全照搬，需要根据企业的具体情况去具体分析。企业若想成功实施员工自主经营管理，需要具备一定的条件，一般来说，主要应关注以下四个方面。

1.充分的信任

不管是什么企业，经营管理者与员工、经营单元以及经营单元内部的成员之间必须保持充分的信任，只有这样，才能确保所划分的各个经营单元能够合理有效地运转下去。

作为企业管理者，一定要对员工的工作能力给予高度的信任，有将经营管理权下放到各个经营单元中去的魄力，使其具有独立核算的权力，让员工深切感受到企业的运转离不开他们的努力。

在各个经营单元之间，只有全身心地信任对方，才能高效率和高质量地完成自己所负责的工作，经营单元之间的衔接有助于企业内部实现连贯畅通的沟通环境，信任自己的上、下游经营单元能对自己的工作给予最大程度的支持。

作为企业的一名普通职员，要坚信自己的努力与进步会关系到企业的发展以及客户的利益，并且对自己的合作伙伴表示充分的信任，实现良好的配合与协调。

综上所述，一个企业只有互相信任，才能合理地划分经营单元，并确保其长期有效的运作，最终实现全员参与式的经营。

2.科学的评价

在实施员工自主经营管理的过程中，要保证价值评价的科学性和严谨性，在了解各个经营单元的投入、产出和工作任务的难易性时，要本着认真严肃的态度，获得严谨有效的数据和信息，并且踏踏实实地对这些信息进行综合整理和分析，全面考察和衡量各个经营单元的利弊状况，公平合理地分析研究，必要时还要与相关的部门进行协商和沟通。只有这样严谨的评价，才能保证经营单元在划分之初就具备所必需的公平性、合理性和公开性，从而能够在后期充分发挥其作用，使企业能够有序地实行员工自主经营管理。

3.独立的运转

企业在实施员工自主经营管理时，一定要保证经营单元的划分具有其独立性和完整性，确保划分的过程是按照企业的流程运作的，工作内容符合每个经营单元的工作特性，同时所划分的经营单元能够独立完成任务。

每个经营单元都是为贯彻企业的价值观和原则方针，为某一特定业务而建立的，能够通过钻研创新进行改进的，具有最小的职能权限的小型组织。这样的小型组织还具有专门的领导者，可以对其工作任务和进度进行统一筹划和安排，监督整个小型组织的运转状况，并且能够有明确的收入和支出计算，可以进行独立的绩效核算。只有这样，划分出的经营单元才具有有效性，才能长期合理地运转下去，从而保证企业的员工自主经营管理顺利实施。

4.有效的沟通

为了成功实现经营单元的划分，有效的沟通和培训应当贯穿整个过程。在划分经营单元之前，企业要和员工进行有效及时的沟通，一方面倾听来自一线员工的意见和建议，并针对第一手信息进行分析，给予一定程度的重视，保证所掌握资料的完整度；另一方面，要对企业划分经营单元的目的和意图进行沟通和传达，使全体员工理解并接受“全员参与经营”的理念，这有助于配合经营单元划分结果的实施。

在划分经营单元的过程中，如果出现问题或争论，应当平等地与员工进行交流，充分考虑各方面的意见和建议，保证划分结果的最优化。在划分经营单元之后，要对划分结果进行传达和解释，保证员工接受这样的企业结构和运转模式，进而充分配合，将自己视为整个企业中的一部分。

同时要进行相应的培训，因为经营单元工作现场的员工如果缺乏一些必要的知识，则无法根据随时获取的信息发现工作任务的问题并找到合理的解决方式。此时对员工进行必要的培训，一方面可以帮助员工更好地在自己的经营单元中做出贡献，另一方面也要使员工知道企业希望同员工一起平等地解决所遇到的问题，使员工内心能感受到自己受到了尊重。

总之，企业在做大、做强、做久的过程中要保持清醒，在不同环境中，组织变革能力的强弱决定了企业的生命力，而管理模式的创新是提升企业运营效率和价值创造能力的关键。

在实现变革的时候有两个关键点——提高组织效率和员工效率。其中组织效率的提高依赖于实现员工的自主经营管理和组织体系的改变；员工效率的提高需要形成与组织一致的价值观和科学的价值分配。

案例 “全员持股”，华为的成功之道

华为可能是中国最优秀的民营企业之一。1987 年，深圳市华为技术有限公司（即华为公司前身）成立，注册资本仅 2 万元。2012 年，华为年销售额达到 2202 亿元，一举超越爱立信成为全球最大的电信设备供应商。2016 年，在《财富》世界最新的 500 强排名中，华为已经上升到第 228 位。

《经济学人》称华为是“欧美跨国公司的灾难”;《时代》认为华为是“所有电信产业巨头最危险的竞争对手”。爱立信全球总裁卫翰思说:“它是我们最尊敬的敌人。”

截至 2016 年，从 6 名员工发展到 17 万名员工，从 2 万元创业起家到 2015 年年销售额达 3900 亿元，从默默无闻到成为世界级的企业，华为成功的秘密是什么?

毫无疑问，华为的成功依赖于多个因素。领头人的战略思维、公司持续的研发投入、员工的拼搏精神等。恐怕没有人会否认，华为独具特色的利益分享机制，也是驱动公司持续、快速发展的关键因素之一，在华为的快速成长中起到了巨大的核裂变效应。

任正非在2011年圣诞节发表的《一江春水向东流》一文中，阐述了自己建立这一利益分享机制的心路历程：

我是在生活所迫、人生路窄的时候创立华为的。那时我已领悟到个人才是历史长河中最渺小的人生真谛。我看过云南的盘山道，那么艰险，一百多年前人们是怎么确定路线，怎么修筑的？我为筑路人的智慧与辛苦感动；我看过薄薄的丝绸衣服，为上面栩栩如生的花纹是怎么织出来的而折服，织女们怎么这么巧夺天工？天啊！还有万里长城、河边的纤夫、奔驰的高铁……我深刻地体会到，组织的力量、众人的力量，才是力大无穷的。

人感知自己的渺小，行为才开始伟大。我刚来深圳时准备从事技术工作或者搞点科研，如果我选择这条路，可能早已被时代抛在垃圾堆里了。我后来明白，一个人不管如何努力，永远也赶不上时代的步伐，更何况我们处在这个知识爆炸的时代，只有组织起数十人、数百人、数千人一同奋斗，你站在上面，才摸得到时代的脚。

我转而去创建华为时，不再是自己去做专家，而是做组织者。在时代前面，我越来越不懂技术，越来越不懂财务，不懂管理。如果不能通过民主善待团体，充分发挥各路英雄的作用，我将一事无成。从事组织建设成了我后来的追求，如何组织起千军万马，这对我来说是天大的难题。

我创建了华为公司，当时在中国叫个体户，这么一个弱小的个体户，想组织起千军万马，是有些狂妄，不合时宜，是有些想吃天鹅肉的梦幻。我创建公司时设计了员工持股制度，通过利益分享，团结员工。那时我还不懂期权制度，更不知道西方在这方面很发达，有多种形式的激励机制。仅凭自己过去的人生挫折，感悟到与员工分担责任，分享利益。

创立之初，我与我父亲相商过这种做法，结果得到他的大力支持，他在20世纪30年代学过经济学。这种无意中插的花，今天竟然开放得如此鲜艳，成就了华为的大事业。

因为员工持股机制的复杂演变及其他原因，华为员工持股的具体情况一直是个秘密。根据华为高级副总裁丁少华2012年9月中旬在美国国会的证词以及英国《金融时报》中文网的相关文章，可以得到华为员工持股的基本情况：

华为公司的绝大部分股票（99%左右）由8万名员工通过工会持有。这一数字在2011年12月为65596名，2012年12月为7.43万名。

其实，华为远在1990年的时候，就已经开始尝试员工持股制度的施行。华为由原本的普通贸易公司到自主研发企业的成功转型，期间遇到了研发投入大、资金不足以及融资困难等相关困境，就是在这样的环境下，华为才开始施行员工持股制度。不过，在最初的股权管理中，华为将这种方式叫作“员工集资行为”。以每股10元的参股价格及税后利润的15%当作股份分红，向技术、管理骨干分配应有的股份。华为公司施行的这种方式为企业赢得了宝贵的发展资金。

到了1997年，华为参照《深圳市国有企业内部员工持股试点暂行规定》这一规格对员工持股制度进行改革，完成第一次增资。当时在册的2432名华为员工的股份全部转到了华为公司工会的名下，占了总股份的61.8%。此时随着华为效益的逐步提升与从资金困境中慢慢解脱出来，员工持股制度在担负内部融资任务的同时，也日益演变成一种重要的激励制度，与工资、年终奖金以及安全退休金等一起构成了华为新的薪酬体系。在这次改革后，华为员工股的股价更改为1元/股。

此时，华为已进入高速增长时期，为提高对人才的吸引力，华为在提高薪酬的同时也加大了员工配股力度。随着每年销售额的增长，员工股的回报率常常能达到70%以上。华为的员工还可以通过向公司设立的内部员工银行贷款来购买股票，以解决新员工没有足够的购股资金的问题。华为的高新技术员工持股激励政策形成了强大的人才磁场，使华为聚集了大批行业优秀青年人才。

激励制度优先侧重；
管理制度配套辅助。

华为在2001年的时候就已经聘请了国际著名的咨

询公司，开始对公司的股权制度进行调整与变革。改制以后，员工不再分发 1 元/股的原始股票，而是以公司年末净资产折算价值期权。老员工的股票按照 2001 年末公司净资产进行折算，已经增值到 2.64 元/股。员工离开公司的时候必须按照上年股价将股权转让给公司。除此以外，随着公司规模的不断扩大，华为在新期权的配发上逐渐放慢步伐，股权开始向少数核心员工与优秀员工身上倾斜，对于绝大多数的普通员工的中长期激励，转为以原有股票的分红权为主，减少新增配股的方式进行。这次转变，标志着华为随着企业规模的扩大以及员工人数的增多，股权激励已经从普惠激励向中高层激励转变。从自由产生到逐步规范化是华为员工持股计划必经的历程。

华为员工持股计划之所以能获得如此大的成功，首先，是华为创始人任正非的诚信人格。这一激励手段的确能够起到激励与留住员工的作用，但同时它也有着相当高的不确定性，任正非就是通过对离职员工的信守承诺，才逐渐赢得员工对他的信任。

其次，永不间断的高分红与高配股。为降低支付现金红利导致的财务压力，在每年高额分红的同时，华为还向员工配备高额股份，这样做自然能够一举两得，一是使员工持有与购买股票的信心更加坚不可摧，二是避免了因分红带给公司的现金压力。

最后，是华为独特的企业文化。尽管绝大多数员工都倾向于用分得的红利购买配股，但依然有少部分员工宁愿领取现金红利，对于这部分员工，华为也说到做到，绝不拖欠。到了第二年，这部分员工看到其他员工又能分到更加可观的红利，他们肯定会后悔当初的选择。实际上，影响远不止于这些，华为的企业文化一定是倾向于奖励那些对公司价值观更加认同的员工，对于那些对公司持有怀疑态度的不坚定分子是绝对不会重用的，他们在公司的发展前景通常会变得更加黯淡，营造出这样的文化氛围以后，华为的员工持股计划进一步获得了员工的大力支持。

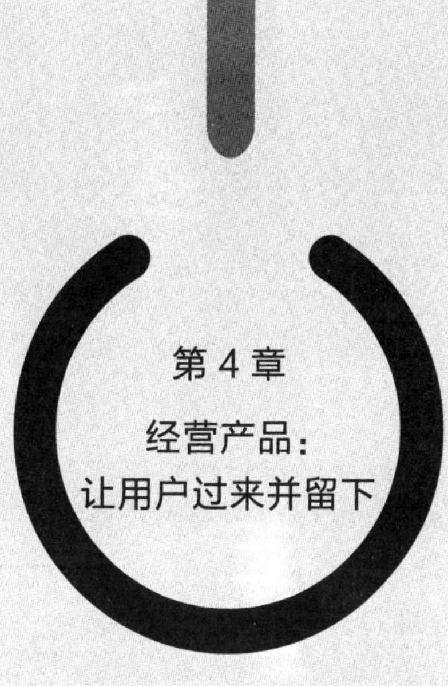

第 4 章

经营产品：让用户过来并留下

用户至上核心三问

用户有参与产品及服务的迭代或改善吗？

用户有为其他用户提供服务吗？

用户有带来新的用户吗？

在互联网领域，产品和运营都是相通的，产品是要给用户提供价值，运营是让用户认识这种价值，它们相互依存，战略目标是一致的。任何运营都围绕“用户”展开，包括“吸引用户”和“留住用户”，说白了就是：让用户过来，并留下。

产品是种子，长出来的是用户

著名的经济学家罗伯特·希勒曾经说过："今天，我们正处于一个深刻变化的时代，企业的竞争方式在发生变化，全球的市场环境也在发生变化，人类商业文明发展程度也在发生变化。然而，无论未来是如何变化的，人们对品质的追求始终不会改变。"

众所周知，产品的质量和产品的竞争力是成正比的。花哨的外表只能吸引用户一时，良好的品质口碑才会长期吸引用户。消费者购买商品，是选择该商品的使用价值和功能，因此，他们会首先考虑产品的质量。所以说，企业要想做强、做大、做出有核心竞争力的产品，就要关注品质。

> **产品是种子！**
>
> **长出来的是用户！**

1.将产品品质做到极致

移动互联网的出现，改变了互联网企业的竞争模式，同时也造就了现如今的体验经济。各种产品和应用通过和移动互联网结合，使用成本变得更低，让用户选择更加宽泛、自由。因为全新的生产消费模式，使得用户直接参与到了产品设计中，与此同时，用户对品质的追求也达到了极致。产品的品质是激发口碑传播的前提，如果品质不过硬，包装再好也只是“绣花枕头”，推广再好也会遭遇质疑。所以，那些做得好的企业，无一不是靠品质做企业的名片。

宣恩秘制美食微店“女掌柜”黄依就看准了日渐火热的微店商机，开起了自己的美食微店。黄依说，她微店的食物都是她自己亲自打理的。所以，从采购到制作再到包装、外卖，都由她亲自完成。比如，像燕窝、枸杞、桃胶这些干货都是她在宜昌选购的，水果都是时令水果。为了保证食物的品质，黄依微店里的美食每天都是限量制作，以保证食物的新鲜。而且，她家的每一种食物都是经过家人、朋友的试吃后，才推荐到微店，这样就保证了食品的美味。

在食物的原材料、美味有了保障后，黄依在食物新鲜度方面也没有马虎。通常她在接到客户电话以后，将所订的美食包装好，30分钟内就会送到城内和城郊的客户手中，保证美食的新鲜度。

尤其她店里的桃胶因为有滋养润喉的功效，不仅实物图看上去靓丽，Q版表情也很吸引人，所以理所当然地成了店里的明星产品。靠着不俗的品质，短期内微店就吸引了 500 多名粉丝。

2.不断迭代，完善产品功能

互联网产品需要不断地迭代更新，许多产品因为对细节的不断改变，积累到一定程度就让产品变了一个面貌，从最初的“丑小鸭”蜕变成了“白天鹅”。也就是说，经过一段时间的迭代之后，许多产品的功能越来越完善，外观越来越美，从而越来越受用户欢迎。所以企业需要通过快速的迭代来完善产品功能，提高产品品质。

在移动互联网时代，有一个迭代的精彩案例最值得我们学习，那就是微信。其实，小米的CEO雷军曾经在公开场合说过：“我们判断腾讯做出微信至少需要 6 个月的时间，但是腾讯 2 个月就做出了微信。”可见，以每周更新速度见长的小米，在遇到腾讯公司的侵袭之前，也没有考虑到过多的可能性。

说起腾讯做微信的最初阶段，行业内的大多数人都能够列出不少数据：微信创造了移动互联网的增速纪录，10 个月 5000 万手机用户，在 433 天之内完成用户数从 0 到 1 亿的增长过程；千万用户同时在线，摇一摇每天的次数过亿。不仅如此，腾讯公司其他产品在各自的市场中占据了 80% 以上的份额，与QQ一样占领了社交领域的绝对地位。

在移动互联网时代，没有速度是万万不行的。我们都知道微信是腾讯公司的产品，不可否认，微信拥有QQ这个独一无二的好帮手，所以当腾讯公司旗下的所有产品都在帮助微信做推广的时候，这款APP能在短期内获得大量的用户并不是奇迹。但是，微信并不是通过初级版本就获得了许多用户，而是通过迭代，通过不断完善、不断发展来获得许多客户。微信的更新版本很多，增加的细微功能也很多。尽管它的UI界面一直没有太大变化，但是这其中经历的迭代是腾讯公司最宝贵的资源。

混沌理论告诉我们

世界是非线性的

在非线性系统中，**迭代**能够将微小的差异放大成难以预料的结果。

3.以用户为中心做产品

产品迭代一定不能是盲目的，而要根据用户的反馈来定夺迭代的方向。也就是说，想要快速迭代，一定要找到搜集用户反馈的办法。首先，为了满足不同用户的使用习惯，企业需要为用户提供多种反馈渠道，方便用户及时反馈，从而帮助企业产品快速迭代。用户的反馈意见越多，提出的建议越多，对企业的产品就越有利。在迭代中，企业要快速处理用户的反馈意见，这样不仅能够迅速赢得用户，还能够加快产品更新换代的脚步。

聚美优品的用户曾经建议在聚美优品的网站上开辟出一个栏目，供用户发表自己的使用心得，用户还可以在这个栏目交流自己的皮肤问题。聚美优品负责人觉得这个建议非常棒，因为它是企业和用户互动的一个好机会，可以让用户对企业产生一种依赖感和信任感。所以，聚美优品就在企业的官网专门设置了一个“口碑SHOW”，就是为了让用户在购买了产品后能够及时对产品进行评论。这样迎合了用户的需求，非常受用户欢迎。

所以，无论是任何企业，做何种产品，一定要重视用户反馈、意见和建议。这些来自不同用户的反馈对企业来说就是一座丰富的矿山，为产品的迭代、完善提供了无限的宝藏。但是产品经理能否带领团队挖掘出它们的价值，还需要对用户各种评论的数据进行分析和调研。另外，还要了解用户的使用习惯，这样才能在众多的用户反馈中判断出迭代需要改进的方向并进行规划。

好产品自己会说话

过去，商界流传着这样一句话："得渠道者得天下。"其实，这是因为在以前流通体系是不健全的，再加上昂贵的终端成本，这让生产商想要与消费者进行直接沟通就变得尤为困难，他们不得不借助销售渠道的力量来完成销售任务。而消费者也因为信息不对等的因素，就需要通过某种销售渠道来选购所需的商品。因此，争夺渠道资源就变得非常重要。

如今，四通八达的互联网将全世界变成一个"村庄"。全球的用户都能借由网络实现即时的交流与沟通，甚至能够快速完成集结活动。信息不对称的局面逐渐被通讯方式的便捷性所改变。生产商也能便捷地通过越来越发达的电子信息技术，直接与消费者进行沟通交流。

因此，在消费者需求获得充分满足的同时，"渠道为王"的运营理念也逐渐向"产品为王"的运营过渡。

实际上，"产品为王"并不是最近才提出来的。古人云："酒香不怕巷子深"，其大致意思就是说产品的质量与口碑不再受店面位置不佳的劣势影响。这就是"产品为王"理念的直观体现。

然而，随着广告媒体的迅速发展，人们认识某个产品，大多数还是依赖于广告的宣传，也导致许多企业认为只有控制广告，就能掌握最佳的营销渠道。换句话说，倘若广告宣传没做好，即便产品质量再好、价格再低廉，也会面临无人问津的尴尬处境。

现在，快速发展的互联网平台打破了这个局面。生产商能在不花费大量广告费的同时，通过论坛、微博以及微信等网络平台和广大用户建立亲密的联系。这等于是越过传统广告媒体的环节，与消费者进行一对一的沟通交流。

当广告媒体不再成为产品宣传的有力武器时，"产品为王"的理念破除了最大的障碍，重新焕发出勃勃生机。从某种意义上来看，互联网思维下的产品，原本就具备媒体属性。"罗辑思维"的创始人罗振宇曾说："一切产业皆媒体产业"，这句话尽管过于绝对，但也有一定的道理。

爱图购是目前国内最大的女性中高端品牌推荐网站。自从2012年7月上线至今，爱图购的注册用户已经高达1180万，新浪微博、微信、QQ空间等渠道的粉丝数也突破了473万，爱图购的单日曝光量已经上亿，并且这些数字每天都还在增加。爱图购仅仅在两年时间内就成了业内翘楚，这个奇迹是怎样实现的呢？

爱图购一开始就着眼于打造"全媒体，全渠道"，让产品立体化。其主要业务是向女性消费者推荐服饰、鞋类、箱包等时尚用品，拥有的产品有APP、网站、社交渠道产品和外部合作渠道产品。可以说，互联网思维下的产品都附带了媒体属性，而产品本身也具有媒体传播的功能。互联网思维下的产品包含了极致化的功能与强烈的情感诉求，而这两项内容正是媒体传播的核心。

爱图购以为女性用户的“兴趣”服务为宗旨，注意发掘产品的三个属性。

一是“媒体属性”，爱图购向广大用户提供各类时尚品牌的产品信息，以求引起消费者的购物兴趣。二是“通道属性”，爱图购打通了用户兴趣与购买平台之间的联系，以最便捷的方式帮助消费者实现“兴趣”。三是“社交属性”，爱图购将用户转化为粉丝，通过网络平台的互动分享，为更多的潜在客户传播“兴趣”。

很多导购类网站都是用图片和视频来推荐产品的。在制作图片和视频时，结合女性消费者的生活场景，并时刻出现在浏览信息中。如此一来，每种产品的图片与视频介绍，就相当于一个小小的媒体专栏。

产品的口碑传播，本质上就是产品或服务中的媒体属性在产生效果。想要发挥产品本身隐藏的媒体属性，就必须从极致产品与情感体验两方面入手。

前面说过，只有做到极致的产品，才能在互联网经济时代受到欢迎。极致产品有很强的品牌效益，就算不花钱打广告，产品只要一经推出，就会吸引无数消费者的眼球。

那些没有做到极致的产品，通常会广发广告，四处宣传，直到有消费者恰好需要，才会进行消费。而做到极致的产品，好比是“皇帝的女儿不愁嫁”，有着极致的口碑，用户们会奔走相告并主动上门订购。这就是极致产品自带媒体属性的表现。

企业想做出极致的产品，不一定非要掌握最先进的科技。革命性的产品永远只是少数，追求极致不等于推倒重来。与其片面追求更高、更快、更强、更新，不如从改善用户使用体验着手。

现在的生活物品异常丰富，商品种类繁多，功能各异，让广大消费者应接不暇。但商品功能越多，越会导致操作复杂化，这对不少用户来说，反而是一种负担。

例如传统路由器的设置要输入一个固定的IP地址，进入配置界面来设置。很多非计算机专业的消费者，根本就看不懂五花八门的专业术语。由此可见，传统路由器的设计给用户的使用体验不佳。极路由就是以此为突破口打开了销路。

极路由改变了配置界面的设置，用图形界面简化了操作，并通过气泡提示、拓扑图等方式让用户的操作更便捷。

极路由引入了APP的概念，以插件来取代用户手动配置。用户可以加载各种APP，如广告加速APP可以加快视频网站广告的播放速度。APP让极路由把复杂的功能变成简便的按需下载的模块，大大改善了用户的使用体验。极路由自上市以来就备受瞩目，曾出现过5天内订购30多万台的销售记录。

由这个案例我们可以知道，给予用户极致体验的极致产品具有极强的媒体属性。产品不仅是一个功能载体，更是一个具有较高传播价值的天然媒体。

产品的媒体属性还反映在给用户的情感体验上。当赢得消费者在情感上的认可时，产品就产生了自传播的可能性。如果说功能决定了产品的实用价值，那么情感体验就决定了产品的人文内涵。让产品引起用户情感上的共鸣，是发挥产品媒体属性的另一法门。

在互联网经济时代，网上服务项目越来越多。支付宝账单的设计就非常注重强化用户体验的满意度，引起了不少用户的共鸣。

支付宝账单不同于简单呆板的流水账式的传统银行账单。它的界面设计生动有趣，标题也很亲民（如“2013年我的支付宝生活”“我的网络生活”）。在账单栏目中，支付宝还借助强大的数据统计功能，制作出用户在该地区消费群体中的排名状况。其表述方式为：“我的年支出在某某市排名超过了x%的人”。这种做法让支付宝的用户们经常以晒账单为乐趣。

企业通过全民对账单，可以了解到不少细节信息。例如新疆图木舒克市的男性消费者为女性购买商品最多，支付宝就在全民对账单中宣称该市的男人“最疼女人”。显示各种有趣的消费细节，改变了传统账单给人的干巴巴的印象，这种创意有赖于强大的数据统计分类整理功能，在没有计算机与互联网的年代，根本无法实现。

其实银行对用户消费数据的了解并不比支付宝少。但由于职能因素，银行不会像支付宝这样用最亲民的互联网思维习惯来设计产品与服务。

在这个网络越来越发达、消费者越来越“宅”的年代，只有轻松、便捷、简单、有趣的包装形式，才能引起广大用户的情感共鸣。假如不能做到这点，就无法吸引用户，更谈不上利用用户的力量进行产品的口碑传播了。

总之，企业应当具备互联网思维，深入挖掘产品的媒体属性。这样才能降低宣传成本，提高推广效率，让产品品牌获得更好的知名度与美誉度。所谓的“好产品自己会说话”，就是这个意思。

做好产品
就要有用户思维

如今，垄断市场的好产品并不是企业花大价钱投入的结果，而是好的产品引领着小企业逐渐成长为大企业。好产品遇上好的销售管理，足够让一个公司的业务取得重大突破。

做好产品的首要捷径是关注“自己的需求”，然后才是倾听自己员工的心声。

用户思维，是指以用户为主导的思维模式，简单来说，就是站在用户的角度进行思考，根据用户的需求去做

强关系 弱关系

不是你需要用户，
而是用户需要你。

关键

产品极致
（单点突破）

产品，让用户参与产品的研发，听取用户的反馈意见，以便快速纠错、及时迭代更新。在网络经济时代，企业的产品设计、用户体验、产品运营乃至口碑传播等，都离不开用户的参与。

用户思维是互联网思维的核心。

看用户思维如何产生，要从“互联网+”时代到来后新一代用户呈现出的三大特征开始分析。

1.新一代用户：重个性、爱社交、泛娱乐

有人说，当今网络时代是年轻人的天下。这说法自然不免片面，但我们确实可以清楚地看到，“80后”“90后”作为一个正在不断崛起的消费群体，他们的消费观念、消费权力、消费意识、消费话语正在深刻影响着整个商业环境。这群年轻用户的特征可概括为重个性、泛娱乐、爱社交。

（1）重个性。

个性化和大众化相对，所谓重个性，就是指在大众化的基础上增加独特、另类或拥有自己专属特质的需要，显得独树一帜，追求一种独一无二的效果。

与中年人相比，年轻人更注重张扬个性与关注自我。随着“我时代”的到来，年轻人与追求时尚的成功人士日益成为市场上的主要消费群体。他们不喜欢被同质化，更讨厌“千人一面”。当他们选择购买某种产品时，他们已经不倾向于使用功能上的基本需求满足，而是更加倾向于自己的特殊化选择。因此，他们多会选择购买外形差异、色彩差异、诉求差异或是其他不同于寻常的产品。

（2）泛娱乐。

随着消费时代的到来，娱乐产业也获得了蓬勃发展，娱乐从一开始便成为“90后”的一种基本生活方式。不仅如此，他们还时常引领社会的娱乐新潮流。这种娱乐可以是对娱乐八卦的热爱、对生活压力的宣泄、对社会现象的吐槽、对自己生活的搞怪，天大的事儿也可以被他们解读得极具娱乐精神。

中国互联网络信息中心（CNNIC）的最新报告显示：在移动互联网的推动下，个人互联网应用呈上升态势。即时通信作为第一大应用，使用率达到90.6%。平板电脑凭借娱乐性和便捷性成为网民的重要娱乐设备，2014年年底使用率达到34.8%，并在高学历（本科及以上学历网民使用率为51.0%）、高收入人群（月收入5000元以上网民使用率为43.0%）中拥有更高的使用率。

而复旦大学发布的《中国网络社会心态报告（2014）》显示：“90后”是最爱在网上消磨闲暇时光的代际群体。95.2%的“90后”用户时常在微博上“记录生活”，92.8%的“90后”时常在微博上“分享心情”，92.0%的“90后”时常在微博上“消遣娱乐”。这三项的比例均为五大群体中最高的。

（3）爱社交。

当前，信任与分享已成为网民的主流互联网态度。

作为消费主体的年轻一辈大多沉浸在社交网络中，在购物的时候更加看重产品的口碑。例如说，在与朋友聊天的时候得知某产品物美价廉，或者在某个社交群中看到人们推荐某产品的性能很好，紧接着就会吸引一大群人立刻集体下单购买，这样的场景屡屡可见，不足为奇。

2.用户思维崛起：传统思维大变革

消费主体的年轻化和口碑效应的扩大化，使传统企业不得不开始格外关注一个词：用户思维。随着“互联网+”的发展，我们越来越清晰地看到，用户思维已经贯穿于企业运营、发展的始终，正颠覆着传统的企业运营。

(1)口碑战胜广告。

有句古话叫作“酒香不怕巷子深”，很形象地体现了口碑的重要性。在传统的思维模式中，口碑自然是很重要的，但广告、媒介、营销等商业活动却占据了更重要的地位。而现在，口碑效应已经越来越受到重视。

在传统的商业市场中，大企业通过“大预算”垄断媒介资源，用铺天盖地的广告来维持产品的市场表现。而小企业即便有优质产品，由于缺乏广告预算，往往无法打开市场，难以在竞争中获得优势地位。

最典型的例子是宝洁。宝洁“概念营销”的名声一向在外，通常以持续的广告攻势为手段，以电视广告、店面广告、高空广告等形式轰炸消费者的视听，反复锤炼强化公众的认知。即使是在市场上已经占有绝对优势的飘柔、佳洁士等品牌，宝洁公司也仍然投放了大量的广告，以维持它在消费者心目中的地位。

近年来，宝洁公司却因虚假广告等问题频频遭遇罚单，虽然仍保持了每年百亿美元的营销支出，却未能达到预期的市场增长，难以挽回业绩持续下滑的颓势。

究其原因，便是互联网的发展使消费者对信息的选择掌握了主动性，而不必再被动地接受广告轰炸。

传统广告的强势和泛滥，使得用户对广告有着天然的反感和抵触情绪。而在社交化、互动化的传播环境中，用户越来越容易获取产品信息，在参考别人的体验经历的同时，又不断分享自己的购买经验，从而给产品快速并大范围的“口碑传播”提供了良好土壤。从这方面来看，产品口碑变得越来越重要，而广告的地位正在不断地下降。

（2）从质量为王到个性化。

当前，社会中的产品种类越来越丰富，消费者可以在众多的同类产品中随意挑选，传统的“质量为王”理念已逐渐让位于“个性化”理念。

产品的个性化含义很广，不仅包括产品式样、包装、外观设计、功能品质，而且还延伸到产品个性化销售和产品个性化服务理念中。在个性张扬的新一代消费主体看来，产品的质量固然重要，但一般而言，同行业的产品核心价值基本一致、质量差别并不明显，那么更吸引他们的便是产品的个性化和差异性。

以海尔为例：

为了协调大规模生产与个性化定制之间的矛盾，海尔推出厨电、洗衣机、冰箱的个性化家电定制服务。2014年上半年，海尔在沈阳建设了业内第一个智能自动化互联示范工厂，支持9个平台500多个型号冰箱的柔性化大规模定制。

海尔集团董事长兼首席执行官张瑞敏认为：“质量根本不是标准的高低，而是由用户定义的。那么，现在用户定义的质量是什么呢？就是谁能够满足我个性化的需求，谁根据我的要求做得好，谁的‘质量’就高。”

未来，海尔个性化定制的目标是，从以模块化自选满足个性化需求阶段，转变成以云计算（如3D打印等）满足网络时代全流程无尺度的个性化需求，用户完全可以随心所欲地个性化，满足真正的个性化需求。

（3）从求全到专一。

众所周知，传统行业的销售渠道和产品形态决定了企业不可能只有单一的品种，只有丰富的产品线才能满足消费者的多样化需要，才能在货架陈列上占据更多优势，若只有单一的产品线，企业很快便会被市场淘汰。但是，“互联网+”的发展给企业的经营者带来了新的思路。

以小米为例，许多互联网企业的产品线都很单一，但是小米利用互联网思维将产品做到了极致，给用户提供最好的服务体验，最终虽然可能只有一款产品，但买单的人可能会达到数十万甚至数百万。

单一不是目的，极致才是目的。从某种角度来看，互联网上的竞争是非常残酷的，因为它往往只有第一，没有第二。

互联网企业之所以选择只做单一的产品，正是为了追求极致。只有将产品和服务做得最好，大大超过用户的预期，才能将竞争者远远甩开，建立行业中举足轻重的品牌，由此真正地赢得用户、赢得市场。而对于用户来说，比起眼花缭乱的多选项，他们更倾向于简单、方便的单选项，因此，产品供给旨在贵精不贵多，只有做到极致的产品和服务才能得到用户的青睐。

3.冲撞与融合：用户思维与客户思维

乍一看，用户思维和客户思维似乎没什么不同，但通过仔细分析，我们可以看出，用户思维和客户思维既有相同的地方，也有差异之处。

从对象来看，用户思维面向的是用户，即使用产品或服务的人，也就是使用者；客户思维面向的是客户，即购买商品和服务的人，也就是购买者。

用户使用产品，可能是自己买的，也可能是别人送的，也就是说，使用者不一定是购买者。而客户购买产品，可能是给自己用的，也可能是赠送给别人用的，因此购买者不一定是使用者。譬如说，孩子使用学习工具，通常并不用自己购买，而是由父母代为购买。那么对于企业来说，孩子就是用户，而父母则是客户。更普遍的是礼品领域，在礼品市场上，购买者几乎都不是使用者。

如此一来，在卖方眼里，自然是客户比用户更重要，毕竟掏钱的人是客户。那些流传甚广的口号，如“顾

用户区别于客户的几个显著特征：

1.不见得一定要给你钱；

2.经常用你的产品或服务；

3.一定要直接跟你连接并定期有交流。

客是上帝”“以客户为中心”等，便是客户思维的具体表现。

“以客户为中心”，其背后的思维内涵是找到并说服购买者，其关注的是业绩，重视的是销售。为了提高业绩、促进销售，企业可以采取多种促销措施，如广告轰炸、低价折扣、产品包装、维护客户资源、完善客户服务、简化支付流程等。

但随着互联网的持续发展，市场中的权力由商家转向了用户。互联网消除了信息不对称的弊端，使消费者掌握了更多的产品、价格、品牌方面的信息，在激烈的市场竞争中用户有着充分的自主选择权。在大数据时代，用户的地位得到了前所未有的提高，客观上要求企业“以用户为中心”，实现“用户至上”。

“以用户为中心”，其背后的思维内涵是让用户用得舒心，其关注的是口碑，重视的是服务。企业要用心去感受用户的需求，打造让用户尖叫的产品，同时为用户提供极致的服务体验。

“以客户为中心”和“以用户为中心”，虽然只有一字之差，但口号背后的思维偏向却有着天壤之别。

那么，到底该“以客户为中心”还是“以用户为中心”呢？事实上，这个问题并没有标准答案，只能具体问题具体分析。

对企业来说，客户和用户都是非常重要的。与其偏向一方，倒不如将传统的客户思维模式和新兴的用户思维模式结合起来，从推荐者、决策者、客户、用户、影响者等多个角度进行考虑，形成一种全盘考虑“买方链”的思维模式，根据企业产品和服务抓重点，满足消费者最主要的、最关键的诉求。

传统研发流程的新变革

在“互联网+”规则下，全面崛起的用户思维不仅改变了企业的营销模式，也导致了企业产品研发模式的全流程重构，从“瀑布式”研发到“敏捷式”开发，最后落实到“人人都是研发者”的研发模式上。

怎么才能实现标准的流程和工艺？

数据！数据！首先是数据！

数据如何来的？

必须来源于试验、观察和记录。

1.“瀑布式”研发

在传统产业中，产品研发过程一般包括四个阶段：概念开发和产品规划、产品研发、产品上线、产品运营。

（1）概念开发和产品规划。

在产品研发初期，企业一般会将有关生产需求、市场机会、可行性、竞争力的信息综合起来，由此确定新产品的大概框架，包括新产品的概念设计、目标市场、期望性能、投资需求与财务影响等。在正式开发之前，企业还可以通过样品制作、征求潜在顾客意见等方式验证开发理念。

在这一阶段，最重要的工作是需求调研。企业一般会通过面对面访谈、现场调研、调查问卷等方式，对即将开发的市场用户进行密集的调研，收集他们的问题或建议，然后进行总结，最终选定核心问题进行解决。

调研完成后，企业依据用户的核心需求，提出产品设想，并做好相应的市场调查与可行性分析。

（2）产品研发。

当产品研发方案通过决策层评审后，新产品项目便转入正式研发阶段。该阶段的主要工作是产品的设计与制造，新产品的原型必须符合规划中的期望性能特征，设计后应对产品进行模拟使用测试。通过测试，可以确保产品的质量，及时发现产品的缺陷，加速产品的迭代。

（3）产品上线。

产品在上线前，需市场、产品、运营、开发、测试等部门对上线做出整体评审，通过上线评审后，通知与协调相关部门完成产品的上线工作。上线后还要进行跟踪，以便及时进行产品调整，制定产品运营计划表；同时，要对用户反馈的问题及时做出调整，完善用户体验。

（4）产品运营。

产品上线后，便要协助产品经理输出相关的产品文档，策划相关的营销活动，目的是要让用户知道新产品，第一时间使用新产品，提供优秀的用户体验，以此来锁定和抓住用户群。

这种传统的产品研发流程，借用工程学术语来说，属于典型的“瀑布式”开发模式。

“瀑布式”开发模式的核心思想是按工序将问题由繁化简，将产品研发的各个阶段划分得非常清楚，便于分工协作，并且规定了它们自上而下、相互衔接的固定次序，如同瀑布流水，逐级下落。研发人员可以按项目的不同阶段进行检查，当研发进入下一阶段时，不会被上一阶段的工作所拖累，只需关注后续阶段即可。

“瀑布式”开发模式广泛应用于传统行业中，但一直以来都备受争议，因为这种研发模式有着非常明显的弊端，最严重的是，如果立项出现失误，或者找错了方向，那么整个研发过程便几乎毫无意义。因为研发的结果往往只有到项目的后期才能看到，并且研发过程中没有涉及用户的反馈，当用户需求频繁发生变化时，研发结果要么无法适应用户的需求，要么需要频繁地进行修改，不仅会增大研发的工作量，而且会做许多无意义的工作。而在研发过程中，各个阶段之间属于串行连接，极少互相反馈，若规划不当，便会出现某些部门忙死、其他部门闲死的情况，降低团队的工作效率。许多企业会通过设定强制完成日期来跟踪各个项目阶段，但过多的强制完成时间会导致项目缺乏灵活度，在出现变化时难以及时跟进，最终影响项目进程。

当前，仅有传统的制造业和建筑业领域还仍然普遍应用“瀑布式”开发模式，因为这两个行业中的项目进度大多是不可逆的，所以使用这套略显刻板的研发模式能够避免一些不必要的成本支出，但在硬软件开发、汽车、电子产品、快消品等领域，则基本已放弃了这种研发方式。

2.“敏捷式”开发

针对“瀑布式”研发的诸多弊端，有人提出了“敏捷式”开发的概念。

“敏捷”，顾名思义便是要快，即产品研发速度要快，上市时间要短。当前，市场竞争日趋激烈，顾客需求瞬息万变，使得产品的生命周期也越来越短，因此必须缩短产品的研发周期。这其中最重要的便是消除浪费，企业必须尽可能地了解用户需求，以减少制造过程中的修改与反复。简单来说，“敏捷式”开发其实是一种以用户需求进化为核心，快速迭代、循序渐进的开发方法。

因此，“敏捷式”开发不像“瀑布式”开发模式那样，没有一成不变的标准化流程。它更强调的是自适应，着重自我优化的流程理念，不仅能提高研发项目的速度和质量，而且更贴近用户需求，能给用户带来更优质的服务和体验。

敏捷式开发有三大特点：快、小、灵。

快，是指产品研发速度快、迭代周期短，具有超强的市场适应能力，这也是“敏捷式”开发的核心。

江湖上有句流传甚广的话，叫作“天下武功，无坚不破，唯快不破”。产品研发也是如此，需求变化快，研发若不快，又如何能跟得上用户的需求？

所谓“快”，有三个不同层面的内涵，即快速尝试、快速纠错、快速迭代。

快速尝试，是指产品研发要避免过长时间的需求分析及调研，快速地进行尝试。

产品研发中的需求变化，往往并不是指规划或需求方在研发到一半的时候站出来说自己的想法有变，更多的时候，其实是在产品研发过程中，出于对产品和行业认知的加深而产生的需求变化。

事实上，无论我们在研发前做过多么深入的调研、细致的需求分析，在产品设计上花多少时间，都无法完全消除最终成品和预期的差距。因此，不能奢望一开始就能将所有问题全部解决掉，而是要大胆快速地尝试，可以先开发一个概要的产品模型，打下基础后再慢慢地改进或直接丢弃，把可能出现的问题留给后续迭代来发现和解决。

快速纠错，是指在研发过程中，要根据产品测试和反馈快速改进。

纠错和改进，是尝试之后必须经历的过程。正如上述所言，没有十全十美的产品，所以测试和反馈就十分重要了。一般产品在研发过程中都十分注重测试和完善，但作为研发组，可能会被本身的一些盲点所局限，不能清晰地把握产品的功能和对产品的整体认知，这时候便需要收集来自各个方向的反馈进行参考，如购买者和使用者等，然后对产品进行改进和完善。

快速迭代，是指产品通过短周期的迭代交付，完善产品。

快速迭代产品，就是要让用户能在短时间内用上新产品，在短时间内使用到新功能。当前，“互联网+”使各产业都得到前所未有的飞速发展，以用户为导向，产品必须随时演进。因此，新产品的研发并非是在市场推出后便可万事大吉，而是要在上线后立即收集用户需求，迅速进行产品的迭代，由此才能让新的产品功能、用户体验不会落后于市场需求。

每一次迭代后，研发组都要及时进行总结，分析上一次迭代中出现的问题，提出具体的解决办法，哪些东西可以在下一个迭代中继续，未来的迭代方向等。

小，是指敏捷团队小而精。

与传统研发团队相比，敏捷团队的人数通常并不太多，一般在十个人左右，即使是数十人、数百人的大团队也会有若干个小团队，由敏捷小团队的敏捷专家与产品负责人再组成一个更高一级的敏捷团队。

因为人数少，所以敏捷团队对人员的个人素质要求更高，团队成员不仅需要具有自身所承担任务的专业技能和相关经验，还要具备他所面对的新方向所需的技能，以随时适应任务和需求的变化。

组建敏捷小团队，可以显著提高团队的工作效率，有效避免踢皮球、沟通不畅等大企业的通病。在敏捷开发中，研发项目被切分成多个子项目，各个子项目相互联系、独立运行，小项目分别完成、分别测试，最终共同完成项目的研发工作。每个迭代周期结束都能立即接受验证，如此便能够及时获取用户反馈，即使在需求环节出现偏差，也可以及时进行纠正，减少对产品研发的影响，使新产品真正满足用户的需求。

灵，是指产品设计的灵活性和团队沟通及协作流程要灵活。

敏捷团队通常会依靠灵活多变来保持研发项目和团队的活力。一般来说，敏捷研发团队不会先入为主地去主观臆测用户的需求，比起成熟的初始设计，他们宁愿保持设计尽可能的干净、简单，保持产品设计的灵活性，然后利用许多单元测试和验收测试进行完善。譬如说，团队先做一些试验品，让关键用户去体验，然后再根据用户的反馈意见不断做修改和调整，持续地进行改进。

敏捷团队具有“小而精”的特点，因为人数少，沟通方式会更加灵活多变。团队协作是敏捷开发的支撑点，因为短周期产品的迭代非常快，高效的沟通是产品研发和迭代的关键，因此，灵活的、开放式的及时沟通便成为敏捷式开发的重要内容。

不迎合需求，只创造需求

几乎每一个做市场、做品牌的人都学过定位理论。它告诉我们，一个成功的品牌应该占领一个独一无二的市场，并且要占据第一名的位置，这样消费者才能够清楚地记得你的名字。那么细分市场究竟该怎么找呢？

它要求企业必须研究消费者的需求，找到需求的空白点，然后去填补这个空白点。但是在大众媒体时代，这个理论放在个人品牌身上似乎就不起作用了。它们似乎没有去寻找什么空白点来迎合消费者的需求，而是在创造一种新的需求；也没有去寻找差异化，而是它们本身就是一种差异化。它们以独一无二的形象出现的时候，就会变得无比有吸引力。

1.发现消费者还没发现的需求

企业将产品投入市场中，一定要争取首战必胜，而首战必胜就是要让你的产品能唤起客户的某种需求，被客户所需要，激发起客户对产品的购买欲望。

在“苹果”新产品的发布会上，穿着紧身牛仔裤的乔布斯指着自己窄小的裤兜说：“如果我想在这个裤兜里放进去一样东西，那它应该是什么？”乔布斯拿出了苹果手机，接着说：“没错，就是它。”这就是典型的乔布斯式的提问方式，站在消费者的角度，提出一个耐人寻味的问题，看似漫不经心，但是却不妨碍他对消费者的启发和诱导。现实中也是如此，企业只有善于将产品镶嵌在消费者的生活方式中，发现消费者还没发现的需求，才能保证产品畅销。

2.满足消费者的期望

一般来说，满足需求仅仅局限于对原有产品的改善或者是持续改善，比如之前诺基亚手机的品种很多，从满足顾客需求的角度出发完全没有问题，但是却不能满足消费者的期望。事实上，当移动互联网时代来临的时候，顾客要的并不仅仅是改进设计，而是革命性的创新。

那么，在产品种类繁多的互联网时代，产品怎样才能引起消费者的兴趣？答案就是产品的个性要强，能够引发大众讨论和传播，有一个“引爆点”，比如独特的卖点、感人的故事或者幽默的风格等。互联网的世界，不缺第一，只缺唯一，所以，店主们要想办法把自己的产品包装一下，以满足消费者的期望。

“80后”微店店主藻妈在开店前就曾在自己的微信朋友圈做过大量调查：什么样的味道最能够让你怀念？许多朋友给出的答案是小时候的味道。这让藻妈想起了小时候外婆给自己买的挂霜花生，外面有一层白色的霜花，里面是一颗颗饱满的花生，含在嘴里甜甜的，咬起来脆脆的。藻妈下定决心一定要帮大家找回小时候的味道，因而引起了许多消费者的共鸣。

挂霜花生推出后，藻妈的订单直线上升，当天就创造出了单品总体销量突破100份的奇迹。凭借这款明星产品打开销量，藻妈趁热打铁，又推出了冷吃兔和麻辣兔头，均受到好评，有的客户甚至评论她的小吃好吃到停不下来。

3.从微观角度出发去创造需求

在现实的市场中，精确定义一个产品的功能或者市场价值，是由产品所对应的消费者群体所决定的。拿汽车来说，仅从代步的角度看，汽车当然是价格越便宜越好，假如汽车贵到大多数人都买不起，那它的代步功能就无法实现。但是如果从消费者的眼睛看，汽车更是颜色或者形状的同义词，颜色越流行，形状越有特色，汽车越会受到青睐。因此，从消费者看到的或者感觉到的微观角度提出问题，企业就能明白哪些功能需要去创造，哪些功能创造出来会得到消费者青睐。

以往，手环只有装饰作用，最多会出现手环式的手表。但是现如今的手环可不仅仅是这些功用了。

婚恋网站世纪佳缘在2014年中秋节当天，在京东上首发了一款智能可穿戴设备——情侣手环Miss U。该手环内嵌0.82寸OLED可触控屏幕，并拥有射频芯片和GPS定位功能，情侣间可通过通信网络进行实时的语音对话；该手环还特别设计了震动功能，一方发送，另一方就能收到震动提示；该手环还能帮助恋人收发彼此的地理位置信息，具有预防失联的功能；另外，当一方的电量少于15%

或是流量快用完时，另一方就能收到提醒。这种手环就是从微观的角度即情侣的感受出发去创造需求的，所以一经推出就受到了很多情侣的喜爱。

大众化，你就输了

如果商品品牌的价值在很大程度上来自于创始人个人，那么这类品牌被称为“个人品牌”。有些人认为，个人品牌是反大众化的，只能够获得部分粉丝的认同，无法获得普遍意义上的商业成功。但是在互联网时代，就需要这种反大众化的个人品牌。

消费者在购买个人品牌时其实就是在表达自我，如果这个品牌大众化了，那么它就不只是代表某一类人群，它的价值自然就消失了。所以，不要用大众的标准去衡量个人品牌，而要敢于创造个人品牌，让个人品牌小而美地存在。

商业组织“回归个人主体”时代，外部协作成本低于内部协作成本。

企业与用户构成利益共同体

1.抓住小众用户的需求

在互联网上，专注痛点的产品很多，任何一个成功的产品必然能够击中用户的某个或者几个痛点。如果用户对产品没有切身需求，那就说明这个用户不会成为这个产品稳定的用户。大多数企业都善于抓大众用户的需求点，但事实上，小众用户也需要被解决痛点，而这些痛点往往是用户没有发现，但是一旦发现后就会有让人惊呼的地方。

大学生上课经常会忘记课程表，“90后”CEO余佳文就发现了这一小众需求，创立了超级课程表APP，它通过快速登录高校教务系统，自动将课表录入到手机，收录千万节课程信息，实现校内跨院系任意蹭课。并且学生可以通过该应用学习外语，充实课余生活。

尽管这类创业者切入的是相对小众的群体，但是依然引来了许多投资人。这说明，即便是在一个很小范围的市场里，只要抓住了用户的需求并且以此扩散开来解决问题，就是好的产品。

2.表达出自己的立场

有人的地方就有利益，有利益就有冲突。在生活领域，冲突表现之一就是对不同品牌的支持。成功的品牌不一定是所有人都爱它，而是一群人爱得要死，另一群人讨厌得要死。所以，个人品牌一定要表现出自己鲜明的立场，如果两边都想讨好，就不会有人支持它。做个人品牌一定是为一些人代言，但同时会有另一些人反对。

大家一提起凡客诚品，就会想到“文艺范”。这从凡客的代言人韩寒、王珞丹身上也能看出来，一个是笔锋犀利的天才作家，另一个是电视剧里个性鲜明的“米莱”“钱小样”。凡客的特点就是让用户以中等价位享受奢侈品质，提倡简约、纵深、自在、环保。而凡客的衣服也符合这种风格，所以赢得了大批“80后”“90后”的青睐。虽然在这个过程中，出现了很多竞争者，也遭遇了很多风险和阻碍，但是凡客却坚持不改变立场，越做越好。从当年仅有的15名工作人员发展到800多名员工；从日销量不超过20件到年销售额6亿元……这一切都说明，只要有自己的立场，就会找到一批拥护你立场的粉丝。

3.让自己的品牌小而美地存在

“小而美”这个词在互联网时代出现的频率很高。尤其是在个性化需求日益增多的时代，许多小众品牌又小又有特色，往往能够站稳脚跟，在电商平台竞争激烈的时代不断发展。这些小众品牌的规模不大，但定位都比较准。和京东、淘宝等大的电商平台相比，小众品牌不需要买流量，不需要盲目地扩大品类和规模，能够把最擅长的方面做到极致，自然有存在的价值。

“新农哥”是淘宝上最早的卖坚果的卖家之一。一直以来深受粉丝们的青睐，那么，“新农哥”做得如此成功，背后的原因是什么呢？从“新农哥”的经营和营销上，我们可以明显看出，它之所以能够吸引用户，首要的卖点已经不是价格，而是最上乘的质量。

便捷就是新时代的价值

互联网刚诞生的时候，没人知道网络游戏、动漫、电子竞技等产业会出现，更没人预见到电子商务对各种传统行业的巨大冲击，关于"渠道为王"还是"产品为王"的讨论也被再度引爆。依照互联网思维来看，能把产品做到极致才能获得成功，但这并不意味着渠道的重要性降低了。电子商务改变了人们的生活、工作方式，让产品实现了从工厂直接到消费者手上的无缝链接。也就是说，互联网技术大大扩宽了产品的营销渠道。而企业要做的，就是让客户从最便捷的渠道获得你的产品（或服务）。

在高速发展的互联网经济时代，只有便捷才能跟上节奏越来越快的市场变化。毫不夸张地说，便捷就是效益，便捷就是价值，便捷就是胜利。

对于消费者来说，复杂的业务不容易理解，烦琐的操作流程让人生厌，所以获得产品的过程越便捷越好。如果一不省力二不省心，消费者的购买欲望就会直线下滑。只有便捷的供应渠道才能让消费者高抬贵手，不把鼠标挪向其他竞争对手的网购页面。如果企业能让消费者以最便捷的方式接收产品或服务，就能很快开拓一批相对稳定的客户群。

你每天在路上看到人山人海，既有四处奔波的商务人员，也有游山玩水的游客。如今的交通日益发达，人们往往会采用不同的交通工具组合来完成旅途。在庞大的市场需求刺激下，“一嗨租车”于2006年1月在上海成立。“一嗨租车”不是中国第一家汽车租赁企业，但它是全程电子商务化管理的先行者。公司的汽车数量上万，车型种类过百。公司的总部设在上海，下设500多个服务网点，遍布全国80多个城市。

外出租车曾经是件很麻烦的事——人工预约、下单、电话确认信息、人工调度车辆、商量用车细节，整个过程加上烦琐的个人信息认证，让消费者感到很不方便。

在互联网经济时代，不便捷几乎就是“落后”的代名词。“一嗨租车”正是针对这个情况，绞尽脑汁为消费者提供了最便捷的服务渠道。

例如，某位乘坐飞机出行的消费者，可以通过“一嗨租车”预订好车辆。只要一下飞机就能马上租车自驾。这种“公共交通+租车”的出行组合方式，非常适合赶时间的商务人员。这就是互联网经济时代带给消费者的便利。

汽车租赁行业虽然是传统行业，但电子商务的发展为租车企业带来了新的发展机遇。有人把传统经济称为“水泥”，把互联网经济称为“鼠标”。“一嗨租车”的运作模式，就是所谓的“水泥+鼠标”模式。

“一嗨租车”面对互联网经济的冲击，选择了积极适应的方针。传统汽车租赁主要靠电话预约，人工操作环节多，协调能力弱，信息反馈也慢。而率先采取全程电子商务化管理的"一嗨租车"大不相同。消费者租车的过程跟在当当、淘宝购物一样便捷。只需通过下载手机客户端或登录手机触屏版，选择租车开始的时间、车型、还车时间，然后轻轻点击确定，就能预订到全国任何一家"一嗨"门店的车辆。

电子商务化订购不仅快捷，而且有更高的信用度。"一嗨租车"在官方网站上对各类租车业务进行明码标价，并实时更新价格与剩余车型的数据。这不仅让消费者能够一目了然地选择符合自身需要的服务，也避免了租车公司漫天要价的弊端（这在过去的小微租车企业中比较普遍）。此外，消费者在预订用车时，还可以选择送车上门、异地还车、预购油九折等服务。

总之，"一嗨租车"让广大消费者能够全程无忧地租车，便捷服务就是它的营销王牌。自从成立以来，"一嗨租车"的各种重要指标均处于业内领先水平。这种崭新的出行方式，受到了越来越多消费者的欢迎。

"一嗨租车"的成功之处在于能够让客户从最便捷的渠道获得产品及服务。支撑其"勇于创新、用心服务"理念的，正是先进的互联网技术。

保持合理、迅速的汽车调度，一直是汽车租赁业的难点。"一嗨租车"有一个强大的中央数据服务中心。其中包含了多套汽车调度管理系统，运用了GPS全球定位及智能数据分析处理等高新技术。正是这些雄厚的技术保障，才让"一嗨租车"实现了全程电子商务化，把汽车调度配置工作做到了最好。此外，"一嗨租车"还专门为用户设计了自己的智能手机客户端。只要用户下载安装了客户端，就能随时随地用手机享受“一嗨”的服务。

目前，“一嗨租车”不仅牢牢占据着中国汽车租赁行业的领军地位，还成为很多世界500强企业指定的在华商务用车服务公司。

随着业务的拓展，“一嗨租车”与各大旅游网站结成战略合作伙伴关系。同程网等旅游网站专门设有“一嗨”的“租车频道”。消费者可以选择北京、上海、广州、南京、武汉、杭州、成都等城市的租车预订业务，可供选择的租车车型有20多种。为了节省消费者的时间，“一嗨租车”是与景点门票及酒店门票组合打包的。这种一条龙服务，有效避免了消费者在各网页来回切换选择的麻烦。

在“租车频道”预订租车非常便捷，消费者无需排队，也不用电话确认，直接查看网页显示的车辆库存数量即可。预订完成后，消费者会立刻接到短信提醒，短信包含了门店等相关信息。此外，“一嗨”的租车预订最短只需要提前2个小时，其竞争对手则需要6个小时。该选择谁，答案不言自明。

光是做好线上营销还不够，假如线下服务跟不上的话，企业的信誉和人气也会迅速流失。“一嗨租车”的便捷不仅体现在电子商务上，实体租车门店也同样以“便捷服务”为经营宗旨。

“一嗨租车”门店的客服标准是，让消费者体验到VIP一般的“便捷服务”，并且争取把他们拉入“一嗨租车”的粉丝团。

“一嗨租车”的提车手续非常简单，只需向“一嗨”的工作人员出示身份证、驾照、信用卡，就一切OK了。

跟超市购物结账一样方便，而且用不着排队等候。除了信用卡，“一嗨”还开通了银联、现金、支付宝等其他支付方式，以满足不同用户的需求。

为了方便客户租车，“一嗨租车”还推出了异地预订业务，租车不限地域。假如用车地点在北京，消费者也可以在上海订车，到北京后再提车即可。这种做法让客户无须跑到用车地点再预订，省下了许多时间和精力。

除了订车便捷与提车便捷，“一嗨租车”的便捷服务还包括用车便捷。有客户反映称：“一嗨”每次提供的租车都很新，油箱总是满的。这是因为公司有严格的相关规定，以免去用户在紧急情况下寻找加油站的麻烦。“一嗨租车”还提供送车上门服务，把租车快递到消费者的家门口。最可贵的是，“一嗨租车”提供24小时紧急救援服务，遇到麻烦的租车用户随时可以呼叫救援。

无论线上还是线下都贯彻“便捷服务”的宗旨，可以说，这样的企业想不受消费者欢迎都难。

“以用户为中心”是互联网思维的一个重要内容。要做到这一点，就必须改善用户体验。特别是提供周到、贴心的服务，让用户在交易的每一个环节都能感受到便捷性。“一嗨租车”始终坚持“以服务品质为先，以消费者体验为本，以口碑为胜”的理念。事实上，它不只是把用户当成用户，更是将其当成自己的“粉丝”。这又体现了互联网思维中“粉丝营销”的理念。

便捷服务改善了用户体验，优越的用户体验赢得了粉丝，粉丝树立了品牌的口碑，品牌的口碑为“一嗨租车”带来了巨大的效益。2012年3月，世界上最大的租车集团企业向“一嗨租车”注资。2013年12月，中国最大的在线旅游服务公司携程成为“一嗨租车”的第二大战略合作伙伴。这家全程电子商务化的企业，将继续领跑中国的汽车租赁行业。

互联网之所以能对传统行业产生如此大的冲击，是因为其便捷性空前的强大。而传统行业要想在新的市场环境中生存发展，也必须借助电子商务的便捷性——便捷就是价值。只要能让用户在最便捷的渠道获得产品和服务，老树也可以开新花，传统行业也能迎来第二个春天。

体验，互联网时代的优胜之处

无论是科技时代的创新企业，还是正经历互联网阵痛的传统企业，都需要慢慢过渡到用户体验的战略上来，因为这是最符合互联网精神的，即创新、极致、追求个性。互联网时代是用户说了算的时代，讨好用户对于企业来说不但是进取之机，更是生存之道。

日本是一个用户体验思想深入骨髓的国家，几乎所有的建筑设计、工业设计、包装设计、服务业、制造业等领域，在生产产品的过程中都要求必须处理好和人的关系，因此很多去过日本的人都会对日本人性化的设计记忆深刻。

日本的酒店客房都不太大，但你不会感到挤，所有布局都精心设计过，即便在我们看来小到不可思议的卫生间，仍然能放下马桶、洗脸台、浴缸……集成度非常高。而这些东西并不是简单地挤在一起，在使用的时候，你不会感到不顺手，也不会感到过于局促。客房里的冰箱有时为了美观会隐藏在柜子里，但这种冰箱的开门设计也很人性化，在柜门和冰箱门之间连接了一块五金固件，让客人在使用冰箱时不需要开两次门。一个小小物件的增加奉送的不仅仅是让客人少操作一步的便利，更是一种对客人的尊重。

再看看街道上的分类垃圾箱，也很有趣。为了帮助使用者无需思考即可快速进行垃圾分类，设计者在垃圾箱的入口处做了些改动。比如一个垃圾桶，入口处是圆口的，它能够放什么呢？扔果壳好像手不伸进去会掉出来，吐痰好像要蹲下去才有可能，唯一能够顺利扔进去的就是饮料瓶了。这样的设计不仅很好地控制了垃圾分类，还非常易于人们辨识。

另外还有餐厅门口的自动投币点餐机、社区里的自动邮件投递箱、写字楼里的智能引导牌等，只要是亲自体验过的人，无不感叹其“以人为本”的设计理念。

与中国相比较，日本的产品和服务显得更具“人味”了，总能想用户之所想，周到而又体贴，这与日本人具有强烈的用户体验思维有直接的关系。日本人从小所受的教育就非常强调集体主义，他们被要求做所有的事之前要先想一下别人的感受，因此这样的惯性思维就直接体现到了产品与服务细节上。

这几年，常看到身边有朋友不辞辛劳地从日本采购各种商品，种类繁多，诸如电饭煲、电动马桶盖、保温杯、美容仪、发热保暖衣等，似乎只要一贴上“日本制造”的标签商品就会更受欢迎些。为什么呢？难道我们中国就没有这样的技术、这样的生产实力吗？并不是，消费者之所以更看重日本制造的商品，还是因为它更好用，更人性化。

反观我们国内企业的产品，往往在解决用户需求时还停留在“用”的阶段，即产品的功效能够让用户满意：电饭煲只要省电耐用、煮饭干湿度正好就是好的电饭煲；马桶盖只要结实耐用就是好的马桶盖。这是典型的“以产品为导向”的经营思路。

互联网时代让用户对市场的影响力越来越大，加之企业间的竞争越来越激烈，产品的优势越来越透明，“以产品为导向”的企业战略已经不足以支撑企业的竞争力，企业迫切需要走另外一条路，即以用户为中心的体验战略。在这个阶段，企业要解决的就是不仅仅“能用”，还得“好用”。

在用户体验战略下，电饭煲企业要解决的不仅仅是吃饭的问题，还要考虑用户为什么要吃饭。如果是为了营养，那么如何让米饭更有营养？于是电饭煲便有了均匀加热的功能。用户在吃完饭后会想着刷锅，米饭粘锅则会给刷锅的用户带来苦恼，于是有了易于清洗不粘锅的设计……这些看似微小的改进，背后其实都意味着思维的升级，能从用户的角度去思考，解决用户的潜在需求，而这些便是用户体验战略的精神。

用户体验更多是在过程中的一种思维模式，并且不只是设计需要考虑用户体验，所有的环节都要从用户使用的角度去做服务、做产品，而用户体验的成果最终会体现在产品和服务上。

几乎所有的商业活动都是在为用户提供一种体验，企业需要意识到，你的商业秀其实就是一场体验秀，你无论是为个人提供服务还是向团体销售商品，客户想要从你这里得到的都是体验。体验带来了情感上的激励、知识上的充实、生理上的满足……这些因素则是商业能够持续发展的动力。

一般而言，用户与企业形成商业往来需要沿着这样的轨迹进行：感知—接触—触动—行动—消费—分享。一个成功的企业，需要在这条轨迹的每一点上为用户带去良好的体验。体验决定着用户怎样看待你和你的产品，决定着用户将怎样响应你。企业只要遁迹而行，就能够俘获用户的心。

做好产品体验，才能宣传产品

现在虽然是一个信息飞速传播、产品日新月异的时代，但是同样是一个追求质量、追求体验的时代。一个好的产品必定能够带给用户最好的体验。用户使用过程中得到了好的体验，才会推崇你的产品。所以在这里，用户的使用体验就显得异常关键。

1.体验以解决用户痛点为基础

体验应该以解决用户痛点为基础。当企业找到用户的痛点之后，就可以在设计产品时着意解决它们，这不但是企业的一种特殊营销手段，也能够给用户一个大大的惊喜，让用户对你的产品爱不释手。

旅之星是新一代的高度加密的移动硬盘产品。现在生活中不断出现信息泄密、文件被盗等现象，而且由于各种同类产品都非常相似，国内品牌也被国外的一些大牌严重挤压。针对这一痛点，旅之星推出了全新的加密理念，推出了与以往截然不同的加密产品——旅之星phone密和权盾。

旅之星的这两款产品均是以用户体验为准则设计出来

的。例如，旅之星phone密移动硬盘，不仅在外观上非常靓丽、拥有硬朗时尚的线条，满足多数年轻用户的需求，而且这款产品能够实现全方位的无痕智能操作。当用户在使用期间离开时，硬盘可以自动加锁；而用户靠近时，它又会自动连接起来。这对大多数用户而言是一个绝佳的体验，以往任何一款硬盘都没有这种智能的体验，而且这种做法还会带给用户神秘的智能加密方式以及非常酷炫的体验感。

2.不断丰富用户的体验

想要让你的产品被用户接受，并使他们获得良好体验，就好比盖房子，需要从地基开始建设。在互联网时代，用户对产品的需求也会越来越高。从一开始关注产品能不能用，接着关注产品好不好用，到最后开始关注产品用得舒不舒服。

所以，无论你是做什么产品的企业，都应该以实现用户的需求和体验为基准。例如优酷视频，一开始，优酷视频为了满足用户的基本需求而设定观看视频的功能。后来，优酷发现人们的需求有了新的高度，于是推出了让用户自己上传视频的功能，引发点击率和围观。再后来，人们对视频的需求更高，希望可以观看到高清画面，于是优酷推出了高清视频，给用户带来了视觉上的享受和全新体验。再后来，人们想要与电视台同步看一些影视剧，所以优酷推出了视频首发的功能，并与国内外的大牌影视公司合作，推出同步视频。再后来，优酷还推出了自制原创视频作品，推出了手机用户的视频APP，让更多手机用户也能享受到高清视频体验……正是这种层次不断变化的需求，才促成了优酷视频的高质视频体验，让用户得到了满足，成为万千用户的最爱。

3.人性化设计让用户愉悦

产品的体验还应该包括用户使用产品时是否需要花费大量的时间，并消耗他们的精力。如果用户购买产品之后，还需要花费大量的时间去培训和学习才能使用，那么我们就可以这样下结论：这不是一个好产品。所以人性化设计是非常重要的，好的产品能够提炼人们的思维和行为模式，会顾及人们的焦虑心理，会让用户在使用时有一个愉快且轻松的体验，让用户快速实现目标。

许多在电脑上使用360安全卫士的用户会发现，之前用户每次在使用清理功能后，电脑上会弹出来一个对话框，上面显示帮你清理了多少垃圾，用户可以选择“我知道了”表示结束。但是现在的对话框显示的是帮你清理了多少垃圾，用户选择“辛苦了”进行结束。很明显，前后两个对话框，只有一个按钮上的文字改变了而已。

那么，“360”这样的设计是出于哪方面的考虑呢？很显然，这是互联网人性化设计的体现，也就是说，把人性化的因素融入互联网产品中。这种做法就是把360的清理精灵当成了一个人，确认对话框弹出后，用户对其的态度从不带情绪的“我知道了”变成“辛苦了”，这样的产品给用户的体验更好，让用户觉得更亲切。

案例 就是任性，细看小米

小米科技公司正式成立于 2010 年 4 月，专注于苹果、安卓等新一代智能手机的软件开发，米聊、MIUI、小米手机是小米科技公司的三大核心产品。

小米手机是小米科技公司旗下的一系列智能手机的统称，最早一款发售于 2011 年 8 月。从 2011 年 8 月 16 日起的 4 年时间里，小米共发布了多款新机型，2015 年，小米董事长雷军公布，小米 2014 年共销售了 6112 万台手机，增长 227%。

小米手机成功跻身国内手机一线品牌，将华为、中兴等国产品牌远远甩在身后。小米手机在短时间内取得如此骄人的成绩，就在于其很好的经营策略。

活动产品化，产品活动化

1.经营产品，而不是管理产品

首先，从战略布局和营销策略上，小米以产品为核心打造企业战略，通过核心产品构建商业模式和顾客基础，建立品牌影响力，苹果靠的是iPod+iTunes，小米用智能手机+小米网；然后围绕着相关领域延伸产品线，为顾客的生活方式提供整体解决方案，苹果依靠iPad、iPhone、iWatch等，小米则依靠盒子、路由器等。这些产品之间具有一致化和一体化的特征，都是行业的颠覆者形象，而且彼此是互通互联的。在这个过程中，企业与顾客的关系不断深化，形成粉丝的高忠诚度，进而持续购买和推荐购买。

其次，在战略层面上，小米科技公司对小米手机的市场定位非常明确，就是面向普通消费者开发高性价比的发烧终端。众所周知，手机有入门机、中端机、高端机之分，定位不同，价格也不一样，手机设计和功能也不相同。目前市面上绝大多数手机都定位于普通消费者，针对初级手机用户（仅仅用于打电话、发短信、上网、聊天、看电影、玩小游戏的用户）。高端玩家对手机配置要求极高，喜欢流畅的操作体验、刷机、玩3D游戏、观看高清电影，很多国际一线厂商都注重高端手机的开发。但是，高端机动辄四五千元的售价让很多爱机人士望而却步，小米手机凭借着超高配置和中等价格迅速俘获了消费者的心，并迅速占领了市场。

2.新品类的代表

小米手机出生那年，正是苹果风头正劲、三星奋起直追、诺基亚节节败退、其他品牌摩拳擦掌的时候。手机领域绝对是不折不扣的红海，光一线品牌就有数十个，小米手机凭什么能够脱颖而出？第一个切入点就是品类。当时，智能手机已经完成了初步普及，成为人们熟知的手机品类。作为后进入的品牌，小米开创了新品类，其重点强调“互联网手机”这个概念。

小米的Logo是一个“MI”，是MobileInternet的缩写，代表小米是一家移动互联网公司。同时，小米为了强化其“互联网手机”的定位和不同，他们开展深度聚焦。首先，借鉴苹果的成功，小米同样聚焦单一产品，只做一款手机，而且是不计成本地做最好的产品。小米基本上都采用苹果的供应商，比如他们是第一个采用高通 4 核 1.5GB芯片的手机。只做单一手机，用雷军的话讲，“互联网就是一种观念”“少就是多，大道至简”，从品牌定位的角度来讲，越聚焦、越简单，品牌越容易进入顾客的心智，成为某一品类的代名词。其次，小米把营销和渠道都放在互联网上，开创了互联网手机销售模式，通过模式的创新来改变传统手机的成本结构，以达到最高的性价比，由此，小米也成为互联网手机的代名词。

3.消费者需求至上

消费者参与生产是小米的一大特点，因为在互联网时代，消费者就是生产者，消费者不仅仅希望参与产品购买体验和分享环节，也希望介入生产环节。为此，小米通过社区让消费者参与到生产环节当中，每天都有大量粉丝集结在小米社区，并在上面“吐槽”，而这些则成为小米发现痛点的关键。

小米的MIUI就是与消费者共创的，超过60万的“米粉”参与了小米MIUI操作系统的设计和开发，MIUI每周的更新，就是小米与“米粉”合作的结晶。值得一提的是，小米有自己的操作系统，所以它可以用反复迭代的方式完善功能、性能，而最主要的是MIUI系统发布的大量升级补丁其实都是通过“骨灰级”用户协助完善的，甚至其20多个国家的语言翻译也是由用户协助完成的。这在国内，乃至国际都很难想象。利用开发平台，充分信任用户的自发性和自觉性，激发用户参与，从满足消费者需求的角度来说，这是一种理念上的颠覆。

4.抢占心智

小米进入手机市场时其定义就是“发烧友手机”，过去只有极客才会去刻意追求的体验，小米将其完善并喊出口号，以此迅速占领消费者的心智。对于消费者使用产品时各种看似多余的细节进行改进，在传统企业看来，都是一些画蛇添足的事情，但是小米却引导消费者去关注它，完善它。小米的产品并没有达到颠覆的境界，但是却依靠细节的微创新，真正激发了消费者的欲望，成为消费者的关注点。同时，小米利用互联网增加品牌的知名度。众所周知，小米的营销主要靠互联网，靠社会化媒体和自媒体，而小米在应用这些媒体的时候，非常善于制造故事和噱头，无论是雷军被刻画成“雷布斯”，还是小米的各种新闻，小米将这些故事成功地通过自媒体扩散进入公共媒体，成为人们谈论的对象和话题，让品牌本身带来时尚感和流行度，进而成功占领人们的心智。

5.迭代创新

小米之所以这么火，不仅仅是他们的产品物美价廉，性价比高，更多地在于他们对于产品的研发速度。4 年以来，小米从发布至今已经发行了很多款，从小米 1 到现在的小米 4C，分别有如下型号：小米 1，小米 1S，小米 2，小米 2S，小米 2A，小米 3，小米 4，小米 4i（海外版），小米NOTE，小米NOTE顶配版，还有 2015 年 9 月发布的小米 4C。

雷军是小米最大的产品经理，他带领小米的风格就是在一线紧盯产品。如果确定一个需求点是用户的痛点后，就死磕下去，不断进行迭代创新。

第 5 章

经营用户：让用户变成“员工”

用户参与企业的程度及能不能把用户的力量用好，成为衡量一个企业新商业文明程度的核心关键。

现如今，很多企业从企业创造价值逐渐向用户创造价值转变。这种新的价值创造最主要的机制之一，就是通过利用大数据的技术分析，让用户、企业实现价值共创，这可能是大数据时代商业模式产生变革的根本性趋势。

用户产生内容，用户产生价值

百度百科、维基百科、知乎、果壳网等知识传播平台，是广大网民查阅资料、解答疑惑的常用网站。这些网络平台的最大特点是由用户来产生网站的内容。注册用户可以根据自己的学识来编辑资料或者解答他人的疑问。如果出现不同观点，反对者也可以自己编辑文章以正视听，学院派垄断学术知识的格局遭到了互联网的挑战。"用户产生内容"的模式也改变了人们的传统观念，过去是企业来产生内容，用户只能接受内容，而如今是让用户来产生内容，企业只是进行整理分类。在无形中，生产者与消费者的界限越来越模糊了，用户产生的价值越来越突出了。

互联网经济让用户的力量空前强大，更注重用户互动作用的Web2.0时代已经到来。在这个时代里，用户既是网站内容的浏览者，也是网站内容的创造者。美国作家詹姆士·索罗维基把Web2.0的精髓解读为"利用网络来发掘大众智慧"，然而，大多数互联网平台依然在采取"建立品牌—扩展规模—吸引广告"的运作模式，并没有充分开发用户带来的价值。

企业帮助用户解决问题，这是企业存在的价值；反过来，越来越多的用户在新时代下乐于帮助企业解决问题，共同参与打造他们满意的商品和服务。

知识的普及让用户能通过各种途径创造出有价值的产品，比如小说、画册、动漫、视频、微电影等。时至今日，互联网经济不能只满足于用户参与，而应该和他们共同创造新内容，产生新价值，甚至开创新时代的合作共赢模式。

前面说过，互联网经济注重用户的参与感和体验感。但单纯让用户参与和体验，并不能挖掘他们身上蕴藏的潜在创造力。只有让用户来创造内容，才能让他们获得更高的参与感和体验感，并为企业创造更多的价值。时下有不少新兴的网络平台，就是靠用户创造内容建设而成的。平台创建者只是为广大用户提供一个参与创造的规则与流程。

2013 年 4 月 23 日公测上线的简书，就是一个典型的“用户产生内容，用户产生价值”的互联网平台。

简书分为“简书笔记”和“简书社”两个组成部分。简书笔记的功能类似于博客，专供用户进行写作。简书社是一个采用笔记本架构和多文集管理的中文阅读社区，其首页有管理员推荐的文章、文集以及作者。简书社的所有内容，几乎都来自简书的用户。为写作者打造最好的写作软件，把他们创造的文章（产品）提供给阅读者，将写作与阅读整合在一起，是简书的运作模式。

自从博客、维客、播客等互联网平台出现后，让用户创造内容就成了不少新兴网站的运营机制。通过让用户创造并共享内容，这些新兴企业很快在市场中形成了自己的品牌。相比那些只让用户参与体验的传统网络平台，这种颇具Web2.0特色的网站更容易借助互动在短时间内积累巨大的人气。比起方兴未艾的简书，著名原创社区豆瓣网是更典型的案例。

在豆瓣网上，用户能自由发表关于图书、电影、音乐的评论文章。此外，用户还能搜索别人的推荐。豆瓣网的一切内容、分类、筛选、排序，都是用户创造的。什么内容出现在豆瓣主页，在一定程度上取决于你的选择。

通常让用户参与检测的网站，都有后台内容编辑坐镇管理。豆瓣网却把内容的审查权也交给了用户，由普通会员决定产生哪些内容并进行分类、筛选、排序。例如，给内容评论一个“有用”，该内容的网站排位就会自动上升；给某部作品贴一个标签，它就会在整个网站的标签分类中出现。

豆瓣创始人杨勃曾对外发出声明：“豆瓣网没有一个编辑”，这绝不是危言耸听。注册用户因为其高度的自主性，自动积极参与生产内容，以便满足更多非注册用户的随性阅读。非注册用户也能通过点击“推荐”等快捷方式，以使排行榜的信息发生变化。“豆瓣网没有一个编辑”，但是，所有的豆瓣注册用户都享有自主编辑权。不计其数的热心用户取代了编辑职能，而其他用户通过“推荐”权对“义务编辑”进行选择。如此一来，用户编辑内容，从而创造出一定的价值，最终又享受该服务。可以说，豆瓣网的机制让用户们的潜能与创造力有了最大限度的发挥，其成功也自然是水到渠成。

成立于2007年4月的译言网，也是一个典型的Web2.0网站。译言网的口号是“发现，翻译，阅读中文之外的互联网精华”。这个社区型翻译平台的用户大多是义务参与者，他们把外国媒体的精华文章翻译出来，推荐给中国读者浏览。译言网完全依靠用户的创造兴趣和翻译能力来维持。由于能激发用户的创造热情，译言网发展成为了“中文互联网上日更新量最大”的翻译网站。

尽管这种模式可以保证网站的日常运转，但完全依靠用户创建免费内容的网站，终究要面临转型问题。随着用户数量的增加，免费模式让网站的维护成本越来越高。最大的问题就是，如何让广大义务翻译者继续保持对内容创造的参与积极性。

尽管用户不一定是靠为网站创造有价值的内容来生存，但在生活的压力下，很少有人能长期免费提供服务。换言之，让用户长期免费产生内容，并不能补偿他们付出的心血和汗水。不能实现双赢的运作模式，通常都不能形成良性循环。而不能形成良性循环的企业，注定无法实现可持续发展。

内容不等于价值。用户生产的内容，不一定能转换为价值。所谓“用户创造价值”理论，既包含了用户“为网站创造价值”，也包含了用户“为自己创造价值”。假如用户创造的内容无法得到足够的回报，不但会挫伤他们参与创造的积极性，还会使网站的人气与口碑大大降低。

保持用户积极性的最有效办法，就是让网站提供用户价值转化服务，让用户在为网站创造价值的同时，也收获相应的回报。例如腾讯动漫网的月票制度，让注册的读者用户对所有的漫画创作者进行自主投票。月票按照一定的标准折算为奖金，得月票越多，创作者的收入也越多。这种机制保护了用户参与创作的积极性，让"用户产生内容，用户产生价值"的模式形成了一个良性循环。

为了提高效率、节约成本，工业社会采用了流水生产线的模式，产品具有高度的趋同性，难以满足消费者多样性的需求。而互联网经济时代，量身定做的个性化定制模式大行其道。

"用户产生内容，用户产生价值"的理念，也是这股发展潮流的产物。例如，消费者可以在淘宝网上与商家谈好具体要求，以获得个性化定制产品。美国有一家网络平台把这种模式发挥到了极致。

美国人杰克·尼克尔和雅克·布德哈特在2000年之际合伙创立了Threadless.com（"无线"）网站。这家网站在没有专业设计师、工厂以及销售队伍，甚至没有花钱做任何广告的前提下，每个月能够推出十几款个性T恤，并创下年销售额3000万美元的记录。

"无线"网站在刚开始运作的时候，就推出了非常具有创意的运营方式：让用户主动给网站发放一些T恤设计稿，之后再由广大用户评选出最佳方案。获胜者就能被奖励一件由其本人设计的T恤。其他用户如果喜欢，也可以在"无线"网站上购买这款新颖的T恤。结果在短短的时间内，在“无线”网站上获胜的设计稿就在美国的各大热门电视节目中出现，甚至连著名的影视明星也穿“无线”设计的T恤，这使得“无线”的营业额直线上涨。

时至今日，“无线”每星期都会在网上举办设计大赛。会员主动上传自主设计的T恤图案，并让众多网友按照5分制评分。每件作品下面都设有订购按钮，最便宜的T恤单价是15美元（包含各种尺寸）。评选结束后，“无线”会从中选出总分最高的6件设计稿，作为本星期公司外包生产T恤的图案，并按照用户下单数量进行批量生产。此外，胜出的设计师每人还能获得2500美元奖金或其他奖品，设计师的名字也会出现在T恤的标签上。

如此一来，根据顾客填写的地址发货竟然成了“无线”最费时费力的工作。

“无线”通过每周的设计大赛，形成了一个会员众多的社交中心，会员们既是产品的设计者，也是产品的消费者，“无线”的辉煌由此而来。

在互联网经济时代，消费者的力量越来越大。无论采取什么运作模式，只有让企业与用户共赢，才是长久之计。让用户来产生内容与价值，是一个大胆的尝试。今后的发展前景会怎样，让我们拭目以待。

从经营产品到经营用户

几年前，在网购还是很拉风的年代，人们为了省钱而网购。如今，电商已经过渡到品质化发展阶段，从原始积累的野蛮期进入“粉丝大战”的时代，用户流量的获取正在成为电商的生命线。

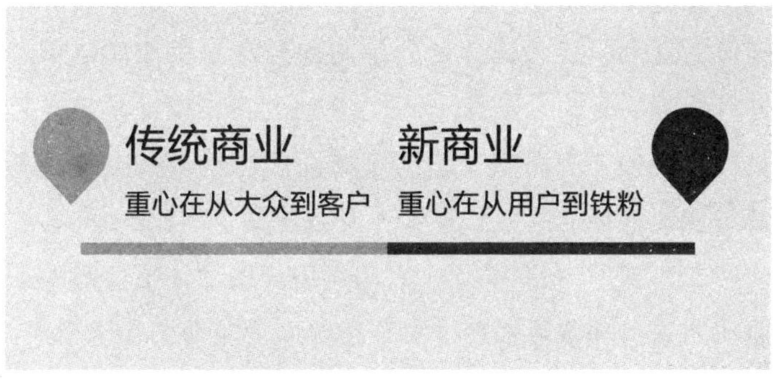

聚美优品在赢得用户的战略上一直采取激进的方式，极速扩张海外购品类，积极的价格补贴政策，不惜代价换取用户规模的策略，以及玩转粉丝营销，开启“颜值经济”，明星+网红+粉丝，三者联动，创造更多话题和价值。从经营产品到经营用户，聚美也逐渐形成自己的核心竞争力。

2015年2月4日，聚美优品CEO陈欧率领聚美高管奔赴韩国拜访一线美妆品牌商。当天陈欧在微博上发起“#陈欧为你代购#”的话题，为粉丝送韩国美妆，一天内达到了近两亿的阅读量。

经常在微博上与粉丝进行互动的陈欧，一向善于用这样的方式传递聚美的业务和产品信息。2015年6月29日，陈欧再次发出“#陈欧请你吃霸王餐#”的话题，免费送零食。实际上这条微博是向大家宣告：哥开始卖海外零食了。自此，陈欧开启疯狂发红包模式。当时他的粉丝量刚到400万，对于企业家来说，这已经是一个不小的数目。而据今天的数据显示，陈欧微博当前的粉丝量为3200万，这个数字不亚于一线娱乐明星的粉丝规模。

粉丝量短时间内近8倍的增长不仅依托于陈欧自身颜值的红利，更大的原因的是陈欧经常利用微博与用户进行积极的互动，豪掷10亿红包让利于粉丝。微博成为聚美福利的主要入口，也是聚美众多粉丝与聚美互动率最高和最直接的平台。陈欧曾发微博说，“我有100种发福利的方式。”在聚美301六周年店庆的活动上，陈欧提前规划了多种微博福利，用有趣的口令向聚美APP引流，让粉丝领取红包实现购买。发红包的次数之频繁，能达到一天10个红包左右，每天的粉丝活跃度均在1000万上下。

从普通红包到裂变红包，再到口令红包，陈欧成为名副其实的“福利代言人”。微博为聚美所带来的价值已经超过电视、户外等传统广告的营销效果，通过陈欧个人品牌的影响力扩张，以及灵活有效的技术支持粉丝流量变现，导致聚美的新客户增长速度不断提高，复购率和购买频次迅速上升，用户黏性得到增强。

在粉丝经济盛行的时代，聚美从直观到深度，血拼出了一条具有差异化的竞争路线。

让用户参与企业经营

用户通常都是普通人，他们所需要的也不过是简单的被尊重，同时能够参与到一个产品中，以及获得非凡体验后的喜悦感。所以，企业要揣摩用户的心思，想办法让用户参与进来，和用户互动。

1. 研发产品时让用户参与进来

用户想要参与到企业的产品设计中，获得参与感，是因为他们期待通过理想的表现，给自己营造一个想象的新世界，而且，参与感会让粉丝获得成就感和满足感。因此，企业可以让粉丝参与到产品设计中来，满足粉丝的愿望。

小米鼓励用户参与手机的设计、研发，用户参与是小米重要的成功因素之一。雷军在2014年深圳IT峰会中说："我们鼓励几百万用户一起参与小米手机设计，甚至是全球的用户。我们会把用户当作朋友来对待，虽然小米不完美，而且还是非常年轻的公司，但小米依靠互联网的思想和精神，将用户当作最亲密的朋友，我相信小米将来一定会越做越大。"在小米官网中，我们可以看到每当小米要研发新手机之前，都会推出小米主题设计大赛，鼓励用户积极参与，这就凸显出了小米手机“用户至上”的思想。

2.鼓励老用户写出购物体验

我们在网上购物时，一方面会参考商家的介绍，但是更看重的，往往是已经购买此商品的消费者的意见。因为在消费者的心中，所有消费者都是同盟，只有看消费者的评论，才能够知道商品到底好不好。所以，企业要注意鼓励用户写出购买产品的体验。这样，用户就参与到了你的圈子营销。如果你的产品足够好的话，也一定会引来粉丝的好评，这样的好评也会为你吸引更多的用户。

马云曾经说过：“在网络营销中，没有用户会喜欢你空洞的产品介绍，而淘宝却很注重用户的感受是什么。”没错，在淘宝网中，我们可以看到大量的用户评论，有好评、中评和差评。正是因为消费者看到了来自使用者的评论，觉得真实，才愿意购买，这种体验就是给客户踏实、放心的感觉。企业如果收到了用户的好评，并且鼓励用户写下自己的使用心得、体验，这样就为其他在购买时游移不定的用户增加动力。如果产品体验好的话，还会有许多人回应、追加评论、晒单等，这也是一种很好的圈子宣传方式。写评论、写体验的人越多，企业的口碑就越有机会推广出去。

3.永远要想在用户前面

很多企业的管理者认为，在营销中，为了维护用户的忠诚度，想要给企业带来更多流量，需要时刻知道用户真正需要的是什么。当然，这无可厚非，而且也是正确的做法。但是仅仅知道用户想要什么还不够，企业还应该要永远想在用户前面。

世界上比你有实力的企业、品牌、产品还有很多，那么如何做到超越，比别人更好呢？这需要企业能够想在用户前面。例如，当别的企业都在流行建立公众号为用户提供服务时，你不但要建立公众号，更要尽可能地推出手机客户端，为更多手机用户解决问题。

穷游网的创始人曾经在国外留学时，就以给用户提供最完美的留学、生活、娱乐等信息获利。但是，很快他便发现留学生对租房、买车、买房、交友、旅游等都有很大的需求。因此他便推出了更多的服务项目，为更多国外用户解决问题。

有了这些实用化的功能，穷游网最终获得了大量留学生以及其他用户的认可。因此，想要获得流量，维护用户忠诚度，就必须要永远想在用户前面，这也是在浩瀚的互联网中获得更大竞争优势的一个重要前提。

4.为用户做好后续服务

用户关注了你的公众号、微博，或者买了你的一个产品，并不表示你就可以高枕无忧了，后续消费才是最关键的。用户会不会还来第二次，会不会带来更多用户？因此你必须要为用户做好后续服务，只有后续服务精致、优秀，才能让用户感受到你的态度、你的理念，这样他才可能第二次光顾。

这就如同你去一家餐厅吃饭，如果菜品都一样，就算很出色，也不会太出名。但是如果该餐厅后续服务很好，比如会给你推送新品、发一些优惠券等，可能你还会第二次去用餐。但如果该餐厅后续没有任何音讯或者消息，可能你在下次外出用餐时，不一定会选择它。

互联网时代下的营销运营也是如此，企业一定要为用户做好后续服务，比如可以搞一些活动，增加用户忠诚度。招商银行不但为用户提供更多的网络银行、手机银行等业务，而且还会为了提高用户的忠诚度，为用户推出持续不断的后续服务。比如，经常推送一些有奖活动、新年礼包、旅游大奖等。2015年9月份，他们甚至还在微博上推出了299元抢购iPhone 6S的活动。这些“诱惑”无时无刻不吸引用户继续关注、使用招商银行的APP。

让用户参与研发

在敏捷式开发的流程中，我们已经可以看到用户参与的重要性。用户参与主要集中在项目刚开始时对用户需求的调研和产品设计开发完成后用户的测试阶段。但随着"互联网+"的发展，用户已不满足于仅仅参与产品的测试和反馈，而希望能够进行更深层次的参与。

与简单参与的被动形态不同，深层次的参与是主动的，用户会主动对企业的产品研发提供创意、意见，参与到企业产品的开发、设计、制造、上线、销售等全流程中来，从而形成一种开放式创新的产品研发模式。用户参与企业新产品研发并没有一定的形式，既可以是简单的信息传递，也可以是正式地参与到企业的创新之中。

以小米为例：

它创办至今不过四五年时间，却已成为中国最著名的专注于智能产品自主研发的移动互联网公司之一。这和它的产品理念密不可分："为发烧而生"。小米首创了用互联网模式开发手机操作系统、"发烧友"参与开发改进的产品研发模式，倡导"用户就是驱动力"的企业文化，将产品的研发工作开放给"发烧友"、用户乃至大众。

对参与企业研发的用户心理进行分析，可以看到，超前需求和成就感是促使用户积极参与产品研发的两大驱动力。

首先是超前需求。超前需求是指用户的需求超过了市场上可以满足的范畴，譬如说个性化需求、更专业的需求、更有趣的需求等，而这些需求在现实的市场中不能及时得到满足，由此引发了这些用户强烈的产品研发参与意识和自我表达需要。同时，又因为他们的需求往往超越了普通市场的产品，更具有创新性和独特性。对于企业来说，这些用户的创新需求就是产品创新的来源之一。随着信息技术的发展，用户自主研发和参与研发的能力正在不断增长。

另一个驱动力则是成就感。成就感是指一个人对自己所做的事情有愉快或成功的感觉，在用户参与企业产品的研发过程中，他们可能并不期望能获得现实的利益，而仅

仅是希望从参与和创新的过程中获得激励和快乐。在参与的过程中，用户的自我价值感得到满足，从而会变得更加忠诚，并且能长期保持参与的热情。

如何让用户参与到企业的研发过程中呢？首先，企业应当为用户提供一个可供使用、交流和互动的公众平台。

这里的公众平台，包括公众使用平台和公众交流平台。

公众使用平台，是指企业开放一些实验室、网络平台等以供用户使用、探索和分享。

以欧特克公司为例：

欧特克公司在旧金山有间对公众开放的实验室，用户可以自由利用实验室里的设备，企业则通过与用户的交流互动，获取用户的创新思维，了解他们的需求和反馈信息，共同分享新的技术，例如三维打印等。

2014 年 5 月，日本的一家服饰公司推出一款名为"UTme"的APP应用软件，消费者可在家通过智能手机设计服装的图案、字样，还会出现晕染、飞溅或马赛克等效果，让用户自己完成对服装的研发和设计工作，然后再通过公司将他们的创意予以实现。

而公众交流平台，则是指用户可以通过公众平台（主要是网络平台）进行资源、信息的交流与分享。常用的网络交流平台有论坛、QQ（群）、贴吧、博客、微博、微信等，包括一些企业建立的社区、官方网站等。

以海尔为例：

2014 年 6 月，海尔的开放创新平台HOPE正式上线，已经有 10 万多名用户注册。其中的核心用户包括技术创新领域的专家、高校研究机构人员、极客、创客等，目前已成为中国最大的开放创新平台。注册用户可以在HOPE平台上发布技术需求、提交技术方案，乃至寻找创意灵感、组建创业团队。除此之外，海尔还开发了海立方、海创汇等多个公众平台。

海尔集团首席执行官张瑞敏向来强调“交互用户”，在他看来，海尔需要分三个阶段与用户进行线上交互：一、创造互联网社区或平台；二、用户之间实现“自动交互”；三、海尔从交互中寻找“自我增值”的机遇。而HOPE、海创汇以及海立方这三位一体的格局，又为海尔提供了全面线上交互的公共平台。

在公共平台上，用户可以与产品团队进行互动，提出各自的个性化需求，一起设计改变生活的创新产品。人们凭借自己的创意拿到个性化产品，海尔则可以购买到的好创意，生产出更好的产品。由此可见，有用户高度参与的新产品研发能够为企业带来时间竞争优势。

培养用户的忠诚度

在这个世界上，所有企业最大的梦想就是获得一大批忠诚的客户。然而，企业要想获得忠诚客户的愿望并非一朝一夕就能完成，相反，其中大部分企业还需要步步为营，任重而道远。

企业依赖市场和自身的魅力吸引客户的忠诚，往往耗时耗力；一味地让利于客户，则会得不偿失，客户也未必领情。然而，讨好客户毕竟比与客户敌对有益，所以，企业服务的过程也是讨好用户的过程，谁的讨好本领让客户认可，谁将获取更多的报酬。显然，客户接受企业的讨好，也必须付出成本和代价。

企业本身是获利的机器，没有什么情感可言，它就是要获利（这个也许不绝对，但多数企业都是如此）。千方百计，用尽心机，不断让客户认同，这是增加客户忠诚度的前提。

忠诚不是客户单方面的事情，也需要企业自身保持忠诚。你如果发现客户弃你而去，在抱怨客户不忠的同时，往往更需要反省自己。

为了提高客户的忠诚度，企业可以采取如下策略。

我们面对的是情感人

不是“好”与“不好”，
而是“喜欢”与“不喜欢”。

1.以客户为中心的策略

（1）企业高层要明确观念，确定策略，树立典范。

（2）培训所有员工树立以客户为中心的服务理念，通过对企业整体工作流程的分析，使每一位员工认识到他们的工作如何影响客户和其他部门的人员，从而影响到企业的生存和客户的忠诚。

（3）提倡企业全员参与，尽可能地向一线员工授权，可以激发员工的创造性思维，解决流程、生产、服务等各环节的问题，激发员工有所创造，超越客户期望，赢得客户忠诚。

（4）发现和嘉奖业绩突出的员工，有效的激励将促进员工的工作激情，挖掘员工的工作潜力。

2.细分市场策略

时至今日，越来越多的企业意识到：若想提高客户的满意度与忠诚度，很可能需要付出很高的代价。

如果企业一心围绕着建立客户的忠诚而盲目地开展工

作，就有可能导致企业最终无法承受其负担，而不得不忍痛放弃对客户提供某项服务。这样做的结果，反而得不偿失。因此，如果要建立客户的忠诚，首先就要考虑企业的承受力，要通过市场分析，挑选适合本企业产品或服务的客户，这是企业确保这项工作坚持到底的重要因素。

（1）实施客户管理，便于企业对不同的客户群采取不同的营销策略。诺基亚中国业务发展总裁刘持金说过："中国企业应该更多地学会客户管理"。根据客户所带来的利润，可以把客户分成高利润、中利润、低利润及无利润四组；根据客户所带来的交易量，可以把客户分成大客户、中客户、小客户。高利润和大客户组应是企业关注的焦点，针对不同客户群的特点，企业可制定一对一的营销策略，争取客户忠诚。

（2）差异化营销。

①忠诚客户是企业最有价值的客户，他们的忠诚表明企业现有的产品和服务是有价值的，企业一定要重视客户的反馈信息，以便使企业的服务充满吸引力。

②潜在的忠诚客户有较高的情感忠诚度，只是由于一些客观的原因而妨碍了他们频繁购买的主观愿望，面对这种情况，需要企业帮助他们成为忠诚客户。

③虚假的忠诚客户大多受购买便利性、优惠条件及环境的影响，也可能是因为企业产品缺乏替代品。虚假忠诚客户的情感忠诚度很低，企业在提供服务时要设法吸引他们，让这类客户在利益的驱动下保持忠诚。

④对于长期没有业务关系的客户，也不排除产生忠诚

客户的可能，企业可以采取物质和服务双管齐下的策略，在他们中间发现可能的忠诚客户。

3.加强沟通策略

在关系营销中，“俱乐部营销”是一种非常成功的培养客户忠诚的方式，即将“客户”组成会员团体或是俱乐部，通过加强内部的联系，让客户产生参与感与归属感，进而发展成忠诚客户。

俱乐部营销是一种网络式营销方式。这种方式无论是在国外还是在国内，都已受到日益广泛的关注与应用。目前已有众多的国内企业，尤其是服务型企业，采用了俱乐部的营销方式。

采用这种方法，物质利益的吸引是基础，而情感的建立才是关键。竞争者可以通过提供类似的物质利益争取客户，但却难以控制在这种情感交流环境中建立的客户忠诚。

美国著名营销学家菲利普·科特勒曾说过：“对未来的市场而言，最主要的问题是通过帮助客户解决实际需要、了解客户心理、降低企业管理费用以及做好销售服务等举措，获取他们的信任，最终树立起本店的信誉。”

此外，还要注意在赢得新客户的同时，也不要忘记老客户。如今，想要完全抓住客户可以说很难，即便客户满意，也不等于就是对商家百分之百的信任，只有获得一批忠实的老客户才能确保企业财源广进。因此，不管是现在，还是未来，要想取得成功就需要企业建立一整套完整的客户档案资料，其中包括客户的详细历史资料、简历以及个人爱好等等，以便加强与客户的沟通。关于这一点，俱乐部的营销体制会发挥很好的作用。

4.价格策略

对于利益忠诚的用户，价格策略是必需的，但对市场领先者而言，使用价格策略往往是不得已而为之。因此，应有效利用价格策略，在保持客户稳定的前提下，尽可能减少价格优惠对收入的负面影响。如果希望用价格战攻城略地，即使是胜者，也会非伤即残。

5.合作与双赢策略

合作与双赢策略对培养客户的亲缘忠诚方面十分有利。尤其是在大客户市场，绝大多数的电信运营商都会选择合作与双赢这种策略。在 20 世纪 90 年代初期的时候，当大多数的企业客户纷纷建立属于自己的内部通信网络时，电信企业就已经开始考虑如何争取更多的忠诚客户了。

想要客户对某品牌具有永久性的忠诚度是很不容易的，因为一种新产品最多带给客户短暂的好奇心，一段时间后，客户又会被其他新的产品所吸引。因此，当厂家看到该产品的市场已处于饱和状态时，就需要推出新品种。而这也刚好给予中小企业一个发展的机会，让客户的转换成本降到最低，这是维持客户忠诚度最好的方式。

6.物超所值策略

只有保持稳定的客源，才能为品牌赢得丰厚的利润。但是，当商家把打折、促销作为追求客源的唯一手段时，降价只会使企业和品牌失去它们最忠实的客户群。

促销、降价的手段，不可能提高客户的忠诚度。价格战只能为品牌带来越来越多的逐利客户，而这些客户很可能毫无忠诚可言，当商家、企业要寻求自身发展和高利润增长时，这部分客户必将流失。

培养忠诚的客户群，不能仅仅做到价廉物美，更要让客户明白这个商品是物有所值的。目前，企业、品牌的竞争趋向于价格战，其主要原因是同类产品、企业的经营同质化，客户忠诚于价格更低的商家。

因此，品牌只有细分产品定位，寻求差异化经营，找准目标客户的价值取向和消费能力，才能真正培养出属于自己的“忠诚客户群”。

7.有效满足策略

有效满足客户所需，提高客户满意度是成功构建客户忠诚的重要手段之一。

建立客户忠诚的基础是让客户满意，如果客户对企业的产品不满意，客户的基本期望值就得不到满足，建立客户忠诚度就没有基础。

当其他企业客户的产品或服务越来越多时，客户会对你及你的产品不满意，埋怨就会不断增加。因此，企业要不断提高产品和服务质量，善待客户，满足客户需要，才能有效保持现有客户，开拓新客户。

8.提供超期望值策略

（1）管理客户期望。客户期望对客户感知企业产品与服务的满意度具有很重要的影响，倘若企业做出太多承诺，客户的期望值也会随之被抬高。尽管从客观的角度分析，客户可能会更注重体验企业产品的内在价值，但是，因为他们的期望值不断增高，两者之间造成的差距也会降低客户感知的满意度。企业要想管理好客户期望，可根据企业的实际情况做出比客户期望值稍微高一点的期望，使客户有惊喜的感觉，这对于提高客户忠诚度有很大的帮助。

（2）超越客户期望。这里可以用一个超越客户期望的故事来解析。

在日本东京，一家贸易公司的一位小姐主要负责为来往客商购买车票的事务，其中包括为德国的某家大公司商务经理购买来往于东京和大阪的火车票。

这位德国经理发现这么一个细节：每当他从东京出发去大阪时，座位都是在右窗口，而从大阪返回东京的时候，座位又会是左窗口。经理于是疑惑地询问小姐为何要这样做，小姐微笑着答道："火车去大阪的时候，富士山位于您的右边；返回东京的时候，富士山位于您的左边。我想，外国人都比较喜欢观看富士山的壮丽景色，因此，我为您购买了不同座位的车票。"

令人意想不到的是，就是因为这位小姐的超期望服务，使这位德国经理非常感动，也促使他下定决心，与这家日本公司合作的贸易额由 400 万马克提升到 1200 万马克。

如何让客户找你

卖东西也可以很容易，只要有办法让客户找你，并且保证你能给他所需要的东西。

有这样一个特别动人的小故事：

有一个人在一条交通便利的道路旁边开了一家餐馆，他原本以为经过自己的精心选址与长期筹备后，餐馆一开张就会火爆。然而，事实上却是无人问津（有创业经历的人们都知道，这是很正常的状态）。

一天，该餐馆终于迎来了第一位顾客，这名顾客只点了几个菜，却提出一个过分的请求：他的名片能不能贴在这家餐馆的墙上，以便帮助自己拓展业务。经营者仔细思索了一会后，认为这对自己而言也没有什么损失，于是就应允了。没想到有这种想法的人很多，经过人们口耳相传，一段时间后，这家店的整个墙面就贴满了各种各样的广告或名片。由于许许多多来往的客人逐渐养成了在这个餐馆发布或了解有关供求信息的习惯，致使这家餐馆也就跟着红火了起来。

我们都有这样的感慨：卖东西真难。难就难在我们要找客户推销，推销我们认为很好、却通常不是他需要的东西。而上面的例子告诉我们：卖东西也可以很容易，只要有办法让客户找你，你能给他需要的东西。

如何让用户主动找上你呢？可以借用下面几个方法：

1.增加产品附加值

每个产品都包括3个层面：体现核心功能的核心产品；展现给用户的包装、外观等有形产品；还有服务、价格等附加产品。因此，企业要想增长销售，就一定要推销符合用户需要的产品。核心产品最关键，这是前提和基础。如果产品不过硬，转介绍就没有根基。此外，无形的附加产品也很重要，它也能够增加产品价值，让客户的满意程度最大化，从而愿意为你的产品做宣传。

产品＝功能×情感

@吴伯凡

小米就擅长在附加产品上做文章，把价格做到极致，让用户大声尖叫。比如，当你按照正常的思维推算出一款产品的价值为2000元的时候，小米只卖1499元，你就发现他们的价格很“极致”，所以一部分人肯定会被这样的高性价比吸引，然后再传给其他人。最后，当你发现周围的人都在打听“谁能买到小米”的时候，就会知道小米真是将性价比、价格和口碑都做到了极致。就拿小米路由器来说，早期一大帮人认为它的售价为99元，后来被另一群人质疑；然后有传言说这款路由器要799元，事实上，这款路由器只卖了79元。

按照小米一贯的风格，这款路由器的售价虽然为79元，但肯定各方面性能都特别好。这样一来，这款路由器无论卖多少钱，人们都会觉得它特别值，也会去抢购。而且，抢购到了自认为很划算的产品后，消费者自然会去转介绍。

2.为客户着想，客户才愿意帮你

蒙牛老总牛根生曾经说过，他的经营之所以能取得成功，就是因为他会“三换思考”，就是换心、换位、换岗。这不仅是企业经营成功之道，也是提高销售业绩的方法。因此，销售人员在跟老客户打交道的过程中，一定要跳出生意圈。先和用户做朋友，为用户着想，通过实际行动感动客户，这样为客户着想，客户就一定想着你。

麦芒柚是2014年新推出的一款互联网柚子品牌，商家以互联网为基点，着重在网络端向粉丝推广麦芒柚，以实现网络销售的目的。首先，麦芒柚向粉丝大力推广该柚子的产地、质感、对品种的精心挑选等。用这种方式，麦芒柚首先在产品质量上讨好用户。

除此之外，麦芒柚在内在细节上倾注了无限的情怀和感情。比如在包装方面，麦芒柚不但有精美礼品盒，还赠送一次性手套，避免用户吃柚子时弄脏手，赠送贴心纸巾以及个性精美的小礼物。用户收到麦芒柚的时候，收到的不仅是一个体验，更是一种真心。

正是因为麦芒柚这种为用户着想的精神深得用户的心，所以麦芒柚这个新产品一经现身，就受到了麦芒粉丝的狂追。而麦芒柚则无需投入大规模的广告经费，仅凭借这种对粉丝的关心就能打动用户的心，所以用户在向身边的朋友介绍麦芒柚时也是不遗余力。

3.让优质客户转介绍

许多企业的管理者都觉得，自己的产品绝对是最好的，很适合销售，市场空间会非常大。但是，自己说了不算，顾客说好才是真的好。所以，在产品上市的初期，最重要的不是去大量推广，而是小规模地试销，验证一下市场需求强不强。一旦产品满足了一部分小众，拥有了一小群铁粉。这批铁粉就是你的优质客户，然后你可以让他们帮你转介绍。

将微店做得风生水起的“金桔姐”，从小学开始就会经常带自家的特产金桔去学校里卖给同学们吃，赚点生活费。后来，金桔姐做了人民教师，常常将自己家的金桔送给同事、朋友，发现大家都说她家的金桔好吃，吃完后不但会找她继续要，还会帮着介绍。看到自己家的金桔这么受周围人的欢迎，金桔姐觉得如果开店卖金桔，肯定有市场，于是她决定做生意。由于金桔姐的家乡有着特殊的土壤、泉水，得天独厚的自然条件下产出的桔子格外好吃，再加上那些老客户的鼎力介绍，金桔一推向市场，用户反响非常好。

老用户的口口相传，使得金桔姐在当地小有名气，甚至吸引了当地电视台前去采访她，直接将她家的产品和微店都推广了出去。正是因为金桔姐在做生意的初期先验证了市场需求，才使得她的金桔一推出就成了当地家喻户晓的明星产品。

众筹模式：给客户当股东的机会

众筹是指用“团购+预购”的形式，向粉丝筹集项目资金的一种模式。众筹模式起始于互联网金融，后来慢慢渗透到了各行各业，从科技到艺术，从餐饮到出版，从股权众筹到产品众筹等。企业可以通过股权众筹来锁定用户，给客户一个做股东的机会。

3W咖啡是一个知名的创投平台，采用的就是以股权众筹的模式向社会公众进行资金筹集。每个人10股，每股6000元，相当于入股者每个人要拿6万。当然并不是任何人拿6万块钱都能够入股，这部分人只能是互联网圈的投资人、创业者、企业高级管理人员等，必须是有一定资源的人。3W咖啡馆很快就吸引了包括沈南鹏、徐小平、曾李青等数百位知名人士，股东阵容非常强大。

很显然，加入3W咖啡馆的人并不是为了喝咖啡来的，也不是为了投入的6万求分红回报的。3W咖啡馆带给这部分股东的是圈子和人际关系价值，通过和有资源、有社交圈的人进行交流，从中得到一个好项目，得到的回报就不止这6万元了。同样，创业者只需要花6万元就可以结识大批优秀的人，这样既有了人际关系价值，也有了学习价值，而这些顶级企业家和投资人的智慧可不是区区6万元就能买到的。

众筹正在改变目前的商业生态，极大地推动了用户与企业共创共享的关系塑造。让优质用户参与到企业的发展中不再是一个想法和口号，而是可以借助一个又一个的众筹实现落地。

案例　小米手机用户参与设计

小米公司为了能让更多的用户参与产品的研发，特别推出了"橙色星期五"的互联网开发版，其关键是通过MIUI团队在论坛与用户进行互动，做到每一周更新一次系统。

小米在保证手机具有稳定的基础功能的前提下，将或好或坏的想法，不管成熟与否，全部坦诚地放在用户眼前。每个星期五的下午，MIUI就会伴随着小米橙色标志推出新版功能。紧接着，MIUI会在下一个星期二让用户提交使用后的四格体验报告。小米团队根据四格报告就能知道上个星期用户最喜欢的新功能与最不喜欢的新应用。

"爆米花奖"是小米内部特意设置的奖项，主要是让用户对上周推出的新功能进行投票，最终产生做得最好的项目，之后给该项目的负责人一定的奖励。虽然奖品只是一桶微不足道的爆米花，但是获得者却拥有"大神"的至高荣誉。

MIUI用论坛的形式，笼络了高达10万余人的互联网开发团队，而最先获得官方认可的100多名工程师就成了团队的核心人员，核心边缘为通过论坛人工审核的具有专业水准的1000个荣誉内测成员，而在论坛里活跃次数最多的却是对产品功能开发极为热衷的10万个开发版用户。发展至今，千万名MIUI稳定版用户构成了论坛的最外围。因此，MIUI的升级制度由此形成了不同的梯队版本，最新推出的往往是荣誉内测组的内部测试版，几乎能确保每天的升级；应用最多的是开发版，每个星期升级一次；紧接着是稳定版，一般是1~2个月升级一次。

每个星期五的下午，小米用户就自觉地等待着MIUI的更新，这些小米用户非常享受刷机的感觉，急切地想要体验新系统与新功能。也许，这个将要推出的新版本里的某项新功能就有他们参与设计，也许某个被修复的BUG是他们最先发现的，这让那些深入参与其中的发烧友们非常期待。

小米的用户关系指导思维就是：

和用户做朋友！

下面就让我们从"参与感三三法则"来分析MIUI用户参与感的构建。

1. 开放参与节点

除了工程代码编写部分，小米将产品需求、产品测试及产品发布全部开放给用户，并让他们参与其中。

2. 设计互动方式

通过论坛讨论来收集用户的需求，在每个“橙色星期五”，MIUI都会更新一次。

3. 扩散口碑传播

小米的成功，不仅依赖于MIUI产品内部的鼓励分享机制，还包括不断集中资源进行口碑传播。例如小米曾经为最早参与测试的100个用户专门拍摄了一部微电影——《100个梦想的赞助商》。

如何对用户进行参与感构建？一方面是要尽可能地减少用户的参与成本，另一方面就是把互动方式产品化。小米每个星期进行一次的MIUI升级就是一个基于节约记忆成本的考虑，将用户的真实体验设计成四格报告也是基于用户参与成本产品化的考虑。

《100个梦想的赞助商》的微电影

正因为小米构建了用户深度参与感的独特机制，这才让MIUI收获了意料之外的增长。MIUI的首个版本在2010年8月16日公开发布时，在全球仅仅有100名用户，这还是小米拼尽全力才从第三方论坛“人肉”出来的。之后，小米凭借用户进行口碑宣传，MIUI在没有花费半分钱投入广告，没有付出任何代价的情况下，短短的一年时间内便拥有了50万名“米粉”。在MIUI的设计过程中，消费者也拥有了生产者的身份。这种特殊的模式下，用户在使用产品时，如果遇到问题就不是无计可施或者一味吐槽，而是能够亲身参与到MIUI产品的改进过程中去，这又让MIUI用户获得了一种心理上的满足。

不过，当MIUI论坛每天接受十几万用户的提交需求时，该怎样将这些大量需求进行优先级的排序呢？小米内部对产品的开发定义一共有三种，分别为：长期、中期以及短期。所谓长期的开发方向，主要由小米创始人雷军在每1~2个月与创意团队进行沟通后的决定，所谓中期与短期的开发方向，大致就是指在和小米用户的互动中产生，当然，这一过程反过来也能对其所设定的长期方向进行一定的修正作用。

小米一共用3种办法对用户的碎片化需求进行处理，分别如下：

（1）先处理浮出水面的需求。

在MIUI论坛上做合理化的帖子辅佐功能，对用户提交的请求尽可能地进行格式化。除此之外，在遇到同样需求时，最好直接跟上这一功能。如此一来，每个星期的请求积累下来，紧急功能的开发需求就自然按照需求的热度排在帖子首页。

（2）第一时间公示需求改进计划。

在每个“橙色星期五”的产品更新后，论坛上就会出现完整版本的更新公告帖，小米团队也会跟着把未来一个月内的更新计划做出详细的说明。

（3）让团队结构也“碎片化”。

所谓团队结构“碎片化”，就是指两三人组成一组，对某一版块进行长时间的改进。授予小组一定的自主权，在与用户紧密的交流中自主开发。

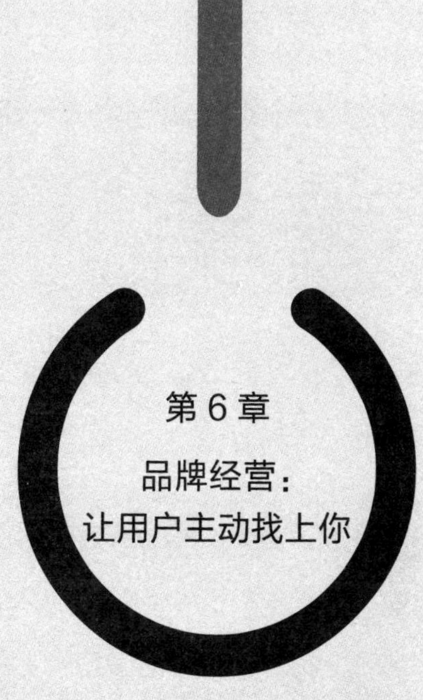

第 6 章

品牌经营：让用户主动找上你

要想形成品牌，

无论一个企业、一个组织或一个人一定要做到：

真善美

网络时代是革新的时代，每个品牌都将面临重新洗牌。在这样的时代里，保守、反应迟钝的企业一定会受到巨大的打击，而富有创新精神、敢于及时转型、敢于坚持品牌文化建设的产品必将找到更多的发展机会。

走出品牌经营的误区

以下是几个品牌经营的误区，一定要注意。

1. 品牌并不是企业核心竞争力

目前，大多数企业总是错误地根据自己的企业核心竞争力来对自己的品牌优势进行定位，这是不符合实际的。一般来说，企业要想对自己的品牌有一个准确的定位，其关键是要和顾客的价值需求保持一致。美国前总统比尔·克林顿在1996年的总统竞选演说中曾说过："经济，乏味透顶的东西。"克林顿之所以这么说，其目的就是竭力提醒选民，应该把精力投入到他所关心的工作、失业、福利、税收以及所有民众正在担忧的其他问题上去。克林顿通过这句话，将自己定位成一个关心民众疾苦的总统候选人，事实上，他也的确通过这一定位成功吸引了众多选民的注意与支持，打败了其他总统候选人。克林顿正是根据选民的真实意图来宣传自己，而不是依靠自己的核心竞争优势：演说能力与领导能力。

因此，企业在开始思考究竟该如何定位自己品牌的时候，首先应该明确顾客的意图，在明确顾客的意图后，再去思考企业最擅长的地方及最不擅长的地方。

人们总是把企业的核心竞争力和品牌的本质混为一谈，常常因为惯性思维总是将企业的核心竞争力作为构建企业品牌的前提，更糟糕的是，大多数企业为了构建品牌，还投入了大量的营销资本，甚至不惜投放更多资源，不断进行市场定位的调整与完善。这样做的企业认为，其所做的一切努力都是在构建品牌。然而，这些企业却忽略了品牌内涵最应该符合顾客的意愿，更加忽略了企业需要吸引顾客前来购买他们的商品。当然，核心竞争力对于企业而言也很重要，但是，一定要弄清楚企业的核心竞争力只是实现品牌构建的一种能力，并非品牌内涵，而只有顾客的意图才是品牌最核心的内涵。

构建品牌是一个需要回归顾客层面的过程，也许品牌有多种表述方式，但最客观的还是从顾客价值这个方向来定义品牌，从而使品牌构建的方向能够符合顾客成长的方向，也唯有这样，企业才能够真正构建自己的品牌。所以对于品牌，我有着自己的定义：品牌是顾客体验的总和。

2.品牌是能力而非梦想

时至今日，越来越多的企业都致力于品牌构建，这也导致很多人，尤其是一些中国的研究学者纷纷认定中国企业已经步入“品牌经济”时代。但是我们必须认清这样一个现实：目前为止，中国企业做品牌的能力还十分薄弱！

在众多构建品牌的企业中，蒙牛是一家最有代表性的企业。这家企业曾经在短短的五六年时间里增长了几千倍，并成为市场中最具影响力的企业之一。这家企业从顾客认知这一最重要的环节做起，是第一家强调“来自草原的牛”的企业，用健康、绿色、环保作为主要的诉求，也因此获得了消费者的认同。蒙牛开创了产品形象与民族和国家发展紧密联系的新纪元，当“神舟五号”飞天的时候，人们也记住了“请举起你的右手，为中国加油！”的蒙牛；当人们关注民族未来的时候，“每天一杯奶，强壮一个民族”的蒙牛获得了高度的认同；而在蒙牛的“酸酸甜甜就是我”缔造了无数个“超女”梦想的时候，蒙牛就已经开始收获深入人们日常生活，而成功晋升为中国乳业的领导品牌。但是，随之而来的“三聚氰胺”事件导致一些负面情绪在消费者的心中滋生，一系列无法建立诚信的事件把蒙牛从人们内心最可依赖的位置中排除出去，这不得不让我们反思，到底如何去打造和构建品牌？中国企业是否有能力打造品牌？

一些企业认为，不断地做广告，大成本的营销轰炸以及市场投放就是在为建立品牌做努力。这么多企业在做品牌时采用的运作方法让我感到很紧张，因为这是非常浪费的行为。把品牌看成企业追求的目标是极其错误的认识，同时也是不肯面对现实的表现，从某种意义上讲，中国的企业现如今还不具备打造品牌的能力。

我同意品牌经营对一个企业在市场上获得成功起着重要的作用，而且中国的企业也真切地感受到了品牌所起到的不可替代的作用。然而，许多中国企业低估了品牌经营的难度，并且概念不清：将广告等同于品牌经营；产品等同于品牌；服务等同于品牌经营；市场占有率等同于顾客忠诚度；与竞争对手的区别等同于品牌的区别。这些误区导致了企业在构建品牌的过程中常常走到相反的路上。

可口可乐即使其生产部门遭受火灾化为灰烬，但产品还是能够畅销，可口可乐公司会利用周转的时间差寻找另一个饮料工厂继续生产。而秦池、三株这些曾经的广告巨人仅仅因为一点微小的失误就会轰然倒地。广告是获取顾客认知和知名度的重要营销工具，但广告本身并不等同于品牌的建立。很多企业不顾一切地在中央电视台的黄金时段投放广告，不可否认，通过广告可以使某一名字广为人知并促使一个阶段内的销量增加。但过度的广告投放，过度的服务成本，过度的产品包装，以拼价格换市场这些策略不是在构建品牌而是在伤害品牌。

企业的产品进入市场后分为四种情况：第一种情况是商品，特征是顾客知道产品的类别，除了知道这个产品是“产品类别中的一个”之外，没有其他的内容，例如菜市场上的各种蔬菜；第二种情况是拥有了名字的商品，特征是顾客知道商品的名字，认为其产品有别于竞争对手的产品，有一部分顾客想要这种差别，例如人们在超市看到的各种商品；第三种情况是拥有品牌的商品，除了具有有名字的产品所具有的特征外，还具有顾客指明需要其产品的特征，顾客同意用更高的价格追求其产品，例如宝马；第四种情况是拥有了强劲品牌的商品，到了这个时候，除了具有品牌的特征外，品牌企业还可以拥有目标顾客，并且目标顾客将其品牌赋予人格化并正面认同，同时，品牌企业对于目标顾客而言无所不在，例如麦当劳。企业在打造品牌的过程中，应该获得下表中所列明的各种条件。

商品、名字、品牌、强劲品牌

	商品	名字	品牌	强劲品牌
1.顾客是否知道我们的名字	√	√	√	√
2.除了“产品类别中的一个”之外，我们的名字是否别无其他	√			
3.顾客是否认为我们的产品有别于我们的竞争对手的产品		√	√	√
4.是否有一部分顾客想要这种差别		√	√	√
5.顾客是否指名要我们的产品			√	√
6.我们是否可以要求一个比较高的价格			√	√
7.目标顾客是否将我们的品牌人格化并从正面角度与之认同				√
8.我们的品牌是否对目标顾客而言无所不在				√

中国部分企业还不具备做品牌的能力，是因为这些企业的产品只能达到商品或者拥有名字的产品这个阶段，还缺乏能够拥有品牌或者强劲品牌的各种条件。对于大部分的中国企业而言，顾客往往只知道它们的名字，至于这个企业的产品是否有别于其竞争对手，顾客并没有太多的感受；对于顾客想要的差别，大多数企业并没有满足，因此大部分的顾客不会很确定地指明要哪一个企业的产品；这些企业更多的是采用低价销售的市场策略，而“企业的目标顾客是谁”“他们的需求如何”这些问题很多企业都回答

不了，或者说根本不关心，所以无法获得人格化的认同。

从本质上来说，构建品牌是企业竞争力的强劲价值定位，并持之以恒地将此定位交付给顾客的过程。

为了做到这一点，并做得出色，公司必须回到服务顾客的基本工作上。只有基于这个出发点，公司才会理解如何才能产生品牌。虽然在30年的市场奋斗中我们诞生了很多产品，也拥有了丰富的商品市场，但这些企业没有一家可以算得上是真正意义上的成功品牌，这不是悲观的论调，我只是想阐述一个事实。因为在我看来，品牌本身并不代表“优秀”，而是企业选择进入市场和取得市场的方式，依靠企业通过市场营销以及品牌提供商自身的形象（产品、服务质量、价格、交货服务等）得以经营，最终能否获得市场和顾客的满意取决于消费者对品牌本身的认知。

精准定位品牌的核心价值

消费者不是简单地购买产品，同时也在选择一种观念和态度。希望知道他们所购买的产品背后的公司，希望知道公司的想法和观点。

品牌是由购买它的人们的价值观决定的，价值观是社会的精华，描述了人们认为生命中哪些事情是重要的，比"需求"更深刻。在实际的品牌打造中，海尔一直倡导"真诚到永远"的观念，是观念营销成功的典范。

观念是最强大的品牌，一个品牌如果能以观念打动人，将会拥有无数的忠诚用户。可见，价值观的文化营销是市场竞争的制高点。

如今，越来越多的企业只提供一样东西给社会，即企业的价值观。企业的价值观能够将单纯的产品变成一种具有某种精神的产品，能够将消费活动变成能产生忠诚度的"同梦者交流"。形成核心主张，才能产生品牌强大的生命力。

品牌策略包括三个阶段：第一阶段是让消费者形成"品牌认知"；第二阶段是转变为他们购买时的"品牌偏好"；第三阶段是希望他们开心地为此付出"品牌溢价"。

从无知到认知，企业可以通过广告完成，而从认知到偏好直至溢价，就需要用独特的理念来进行情感沟通。理念广告就是品牌溢价的有效手段。

所谓理念广告，就是创造差异化竞争优势。这条成功之路的秘诀在于拥有一个强大的理念，这个理念就代表着品牌的精神力量。众所周知，这个精神力量必然超越产品本身，同时必须与产品有某种神秘的联系。这对于品牌运营的水准有着很高的考量。

超越产品本身的理念究竟是什么呢？其中有一个原则一定是对的，那就是洞悉人类精神中的爱，如果可以了解爱就不难寻找到巧妙的联系点。只有爱可以打动人、影响人、改变人，实现有效和深邃的沟通就是爱。

品牌价值观在历经多种形态的演变后，发展为几种较为典型的品牌价值观：最大利润价值观、经营管理价值观以及企业社会互利价值观。这三种价值观分别代表了三个不同历史时期西方品牌的基本信念与价值取向。

最大利润价值观是指品牌经营的全部决策和行动都以能否获得最大利润作为评价标准。

经营管理价值观指的是品牌经营在规模扩大、组织复杂与投资巨额但投资者分散的条件下，投资者的委托管理者在从事经营管理的过程中逐渐形成的价值观。除了尽量为投资者获得最大利益以外，还尤为注重品牌经营者自身价值的实现。

企业社会互利价值观属于 20 世纪 70 年代普遍存在的一种价值观，它要求在确保品牌经营利润水平的同时，将员工和企业以及社会这三者的利益统筹起来，不能顾此失彼。

时至今日，品牌价值观更加突出的特征是以人为中心，把关心人、尊重人作为人本主义思想的导向。当代的品牌文化已经开始将人的发展作为目的，而不仅仅当作手段，这是品牌价值观发生的最大变化。美国著名管理学家、现代企业文化学派的主要代表人物劳伦斯·米勒将品牌价值观分为以下八类。

1.目标价值观

品牌经营须有崇高的目标，并把这种目标传达给全体员工，使全体员工在追求这种崇高目标时，得到自我价值的实现。

2.共识价值观

品牌管理者应改变传统的发号施令式的“指挥型决策”，实行“共识型决策”。建立共识是时代的要求，因为广大员工有足够的知识和智慧，也有参与决策的民主意愿，让他们参与决策是对他们的尊重和肯定，可以激发他们的忠诚心和创造力。

3.卓越价值观

追求卓越，攀登高峰，永不自满，这是杰出工作信念的理想境界，是一种精神、一种动力和一种工作伦理。

4.一体价值观

品牌管理者和全体员工必须组成一种同舟共济的利益共同体，这是一种强文化的标志。

5.成效价值观

行为是结果的函数，这是人类行为的基本法则。成效价值观是讲求效果的价值观，它要求把员工的工作和利益联系起来，付出与获取联系起来，成绩与奖励联系起来，使员工在成就需要不断得到满足的情况下把自身的能量最大限度地释放出来。

6.实证价值观

用统计方法去衡量效益是一项基本的管理技能。品牌管理者必须学会思考，把基本数学观念应用于决策之中，因为品牌经营的成败在于管理者和其他人员是否善于思考。

7.亲密价值观

亲密感作为一种给予或接受爱的能力，是一种普遍的、基本的人性追求，它有助于提高用户信任和忠诚的程度。品牌管理者应努力营造一种和谐亲密的文化环境，使每个员工的积极性和创造性得到充分发挥。

8.正直价值观

品牌管理者具有正直的人格和品质，才能赢得下属的信任和品牌的灵魂。

品牌的核心价值能够兼容多个产品的理念，这也是消费者对品牌的概括理解。品牌建设的首个基本工作就是将品牌的核心价值弄清楚，这是一个品牌的精髓所在，属于一个品牌独一无二且最有价值的部分。品牌通常会有一种类似于精神支撑的价值观，只有这样，品牌才不会空洞、呆板或平面，而是成为有血有肉、充满活力、极为立体的存在。价值观这种精神状态深埋于品牌之中，但消费者通过认识品牌就可以清晰地感受到它的存在。

为品牌注入情感和爱

有了情感和爱，人们才想要结婚、送礼及付出。与生活中人与人之间的情感一样，一旦将情感与爱注入品牌当中，虽然产品质量不能替代品牌情感，但是消费者在购买品牌时，做出抉择就会容易得多。

消费者是理智和情感兼具的对象，产品的物质卖点打动的是消费者的理智，但这还不够，还需要情感的力量，赢得消费者的情感就会赢得他们的理智。市场营销的成功从人们的情感开始。

情感的影响力，心灵的感召力，正是营销人员可以利用的力量。一件能触动情感的产品是能让人记住的产品。在消费者的每一次购买中，几乎每一次都是心理作用大于头脑的作用，虽然消费者不承认，或者说他们往往没有意识到这一点。情感的分享是消费者对产品从情感上而不是理智上做出的反应。情感是企业与消费者之间的联系——消费者通过感觉而不是通过冷峻的事实对企业的产品做出情感上的反应。

那么，如何让一个品牌成为爱的对象？如何为品牌注入情感和爱呢？

第一种方法，是把品牌打造成消费者的朋友，打造成一个有个性的人，让品牌与消费者一起去面对困难、歧视和不理解，让品牌成为消费者患难与共的朋友。

就像哈雷摩托车所做的那样，它的成功之处在于其老板把哈雷摩托车捐献给美国军队，让其成为一战和二战时期的美国军车。另外，在20世纪60和70年代，它成为美国嬉皮士的最爱，拥有“逍遥骑士”和“地狱天使”的称号，嬉皮士们常常骑着它以显示自己的与众不同和叛逆。

美国后来出现了一句谚语：“年轻时有辆哈雷·戴维森，年老时有辆凯迪拉克，则此生了无他愿。”可见，哈雷已经成为美国人心中的梦想，他们只要一听见哈雷摩托车的轰鸣声，就忘乎所以。

第二种方法，把品牌与消费者的美好记忆联系起来，或者让品牌成为消费者心中难以割舍和永远怀念的对象，或者这个品牌让消费者想起曾经做过的事或去过的地方，或者让消费者想起生命中某个特别的阶段。比如：戴·比尔斯的“钻石恒久远，一颗永流传”，就是把钻石与爱情画上等号；柒牌男装的中华立领，就是把衣服与庄重的场合画上等号；泊客行者箱包的“为梦想行走”，就是把箱包与梦想画上等号……

第三种方法，让品牌成为一个人向另外一个人传递重要信息的工具，代表着这个人对另一个人的爱、感谢或者尊崇，让品牌成为蕴含爱、表达爱和尊崇爱的道具。比如让品牌表达爱情、表达孝心、表达尊敬，等等。

赋予品牌情感和爱，还有很多方法，比如控制欲望、重新评价生活、我比你出色、发现兴奋点、家庭的价值观、新奇和刺激、渴望成为最成功的人等。

总之，形象和情感是营销世界里的力量源泉。人们的欲望是很大的动机，它需要挖掘。只要你发现了顾客需要什么，你就尽力去满足他们的需求。人类是不会满足的，一个需求满足了，另一个需求又会产生，这个过程永无止境，连续不断。所以，我们要去挖掘他们的需求和欲望。

口碑营销，让品牌与消费者互动

按照麦肯锡的研究，口碑传播几乎影响到美国2/3的经济领域：玩具、运动产品、电影、娱乐、时尚、休闲等领域，这些领域最容易受口碑的影响，金融机构、服务业、出版、电子、药品、农业、食品等众多领域也同样受口碑所左右。

如果产品的核心功能可以鼓励用户邀请其他朋友成为用户，那么这个产品才能进行病毒式营销。

并不是只有做广告才能打响一个品牌，在许多领域，运用口碑来宣传是一个更具力量、更持久的营销手段。

一个几乎只靠口碑来传播企业名声的行业是咨询业，我们几乎看不到知名的管理咨询公司如麦肯锡、罗兰·贝格、安达信或BCG做广告宣传，奇怪的是它们在企业界的知名度却相当高。正是因为众多没有咨询经验的管理者对这些咨询公司的猜测、议论，经历过咨询公司帮助的管理者的褒贬以及媒体对这样一些看似神秘的企业的报道，使大部分企业界人士对这样的公司以及它的服务持有好奇心。一旦企业遇到问题，会想到找这样一些企业医生来给自己企业做一些诊断、开一些药方。

你也许认为，依靠口碑的传播只能用于一些特别具有魅力的产品（如玩具）或一些特别的客户群体（如小孩）。但实际上，众多领域也同样受口碑所左右。相信，许多企业的未来都决定于它在客户中的口碑，而不在于其广告的投放量。

口碑传播并不是一个自生自灭的现象，管理者也不是只能听之任之。事实上，一个企业如果拥有一个较为独特的产品，就可以使用一些“工具”来引发、推动和控制口碑的形成和发展。

口碑传播的主角是人。一个通常的做法是选定一些或某一个群体（所谓的意见领袖），让他们先得到你的产品并了解它的好处。通常，这些喜欢新鲜事物以及宣讲自己新发现的人就成了一个企业的义务宣传员，这些人对产品的推荐效果要远远大于广告。口碑营造经常利用的另一类人是某一个群体的“偶像”，如一些电影或体育明星，即使这些人本身并不使用产品，但是他们的推荐能为企业带来众多追随者。

要想保持良好的口碑和产品的神秘感，限制供应量是一个常用的办法。人们总是希望得到别人或自己不能轻易得到的东西。所以，一家企业在使用口碑传播的手段时至少在某一个阶段应该限制自己的产量，以便造成一种短缺的印象。另一个常用的引发口碑的手段是创建或进入“排行榜”，客户都有一种简单的从众心理，别人买得多的东西自己也更愿意买。

选一种方向，让粉丝跟着你站队

许多企业在走向正轨之前都处在探索期，但是一旦选定了方向，就一定要矢志不移地走下去。要知道，无论企业如何选择，最终都要选择其一，那时也就有了自己的目标，就给自己贴好了不一样的标签，选择了不一样的立场，这样和你有相同标签、相同立场的人才能快速找到你，跟着你站队，成为你的拥护者。

一级卖点：独一无二

一级卖点只有一个，二级卖点可以有两到三个，二级卖点是用来辅助描述一级卖点的，产品越来越同质化，卖点的提炼越来越偏向情感性诉求。你的产品需要一句有分量的Slogan ！

1.或轻奢，或原生态，为自己选好标签

每个不断发展壮大的企业一般都有多个项目，但是从企业的成功和知名度来看，每一个企业都有一个专属自己的标签——让用户一提起你，就知道你是做什么的。许多企业会追求大而全，但这样会导致用户没法看出你最擅长做什么。就像一把瑞士军刀，看似功能齐全，但是却找不到核心功能。其实，对于用户来说，他们并不需要企业像瑞士军刀一样全能，而只是需要一把飞刀，可以快速准确地命中靶心。

而且，大部分用户选择企业，都是冲着一个特征去的，其他功能由别的企业来实现。比如百度是搜索、腾讯是社交、唯品会是做特卖……这些互联网企业都有自己的专属标签，也就有自己的个性。企业让用户记得住，用户在消费或者使用时就有了目标导向，企业也就赢得了用户。

2.专注于一个领域

有许多企业为了盈利，喜欢跟随眼前的市场趋势，只做最流行的。但是阿里巴巴自从创建的那天起，不管潮流怎么变，不管有多少新的事物、机会，它始终朝着既定的方向往前走。互联网界的大佬马云表示，自己绝不会去跟风，阿里巴巴也不会跟风。他曾说："多年的创业经验告诉我，我们永远不能追求时尚，不能因为什么东西起来了就跟着起来。"很多企业却做不到这一点，不但产业杂，而且服务范围广，完全没有自己的特点，这种做法是完全

错误的。要想打破这个壁垒，就要找出自己做得好的方面，打出知名度。

3. 找到产品最鲜明的特点

企业只要专注和执着于一个方面，就一定能够找到自己的特点。尤其是在同类产品繁多的情况下，如果企业找不出产品最鲜明的特点，而是把自己的产品包装得“大而全”，就得不到消费者的青睐。有时候，消费者只想去寻找最能满足自己体验的那款产品。

相宜本草是一个化妆品品牌，从名字上看，就能知道它注重的是本草养肤，区别于其他的化妆品名字。正因为它找到了产品最鲜明的特点，定位清晰，符合消费者追求的“绿色”“健康”理念，因此，深受消费者的欢迎。

为了让自己的产品更能满足消费者的需求，相宜本草特地请了一批经验丰富、技术精湛的研究团队，专门负责本草基础研究、配方功效研究和新产品开发等，并与上海中医药大学长期合作创立联合实验室。自有的研发团队和一些研发合作机构都为相宜本草的后期研发提供了充足保障，也为其产品使用的安全性、功效提供了强大支持。

因为产品的特点鲜明，本草养肤给人更安全的感觉，因此，经过十余年的发展，相宜本草在国内护肤品市场上占据了一定的市场份额。在2012年消费者对于天然活性化妆品的关注方面，相宜本草排名第一，这也为相宜本草的产品销量提供了有力的支持。

4.标签切实才能让用户喜欢

企业想要让用户喜欢，除了要在精神、心理上让用户认同，从而产生向往、喜欢外，还不能忽视标签的切实性。如果标签与企业的实质、内在相背离，或者相差太远，那么也不足以让用户喜欢。所以在给企业定标签时，一定要将切实放在首位。在苹果开创了智能手机的时尚、先进、多功能之后，各种各样的智能机也如雨后春笋般兴起，比如三星、小米、酷派、华为等。但是在琳琅满目的智能机面前，如何取得竞争优势，获得用户喜欢就是企业要解决的首要问题。

索尼在这方面就看透了人们购买智能机的实际问题，于是打造出了高清摄像头、高防水的功能，尤其是防水成为最实际的标签，也被广大用户所追捧。甚至人们一提起当今手机的实用性，首先就会在脑海中出现一个概念：索尼可以防水，在潜水、游泳、下雨等情况下，人们都可以使用索尼手机随时随地拍摄、打电话。

5.品牌人格化，用人格魅力征服粉丝

广告大师威廉·伯恩巴克曾经说过，每种被认可的产品都与人们的心理有着千丝万缕的联系。产品、品牌就相当于一个“演员”，而市场就是一个“舞台”，演员如果在舞台上把戏演得精彩绝伦，就会被观众追捧，成为家喻户晓的明星。同样，成为耀眼明星的产品或品牌就会被市场所认可。这种把品牌、产品当演员，把市场当舞台，合力打造魅力明星的过程就是把品牌人格化的过程。

其实，品牌就是人，人也是品牌。这句流行于营销界的语录精辟地阐明了品牌与人之间的关系。可以说，打造一个具有人格化的“明星产品”，就如同培养一个真正的大明星一样，前期的背景、后期的包装以及性格魅力等必不可少。就好像发现和包装一个有潜力的明星，为其日后成为耀眼巨星一样要打下坚实的基础。下面我们将从品牌的起源、造型、性格等方面详细论述。

（1）品牌起源传奇化。

大众都有猎奇心理，因此，品牌来源要符合人们的这种要求，具有传奇化。人们的潜意识认为，非凡人物的出生不同于凡人，传说哪吒出生的时候是一个肉球，说明其与凡胎不同；《红楼梦》中的贾宝玉也被写成“女娲补天”时留下的宝石，这都是为了显示出他与常人的不同。因此，如果将品牌起源传奇化，就会为品牌迎来更多的关注，为其以后成为领袖品牌奠定基础。

Sheepet（舒宠）是一个著名的公仔品牌。该品牌融入时尚、可爱、舒服、干净的设计理念，赋予了公仔新的意义：带着快乐与爱心。Sheepet 品牌的公仔不仅深受 18~35 岁中国年轻白领女性的宠爱，还热销于欧美日韩。它的热销和美名远扬离不开它传奇的品牌起源——一个传奇的故事。

1992 年，一对年轻的英国夫妇来到了中国香港，丈夫是驻港的工作人员，妻子跟着丈夫来到中国香港后，因为不适应异乡的生活，因此郁郁寡欢。丈夫为了让妻子开心，每次出差回来都给妻子带几只可爱的公仔，就这样，妻子每天都会拥抱和宠爱公仔，享受这些公仔带给自己的快乐和安慰。时间一天天过去了，家里的公仔越来越多，妻子的心情也越来越好，不但抑郁症好了，身心也更健康了。时间到了1997年，中国香港即将回归祖国，丈夫任期届满需要回到英国，望着家里的几百个公仔，他们心怀感恩，决定在香港开一家义卖店将公仔进行义卖，并为这些公仔取名Sheepet，寓意为“让她永远宠爱”。

为了让更多的人分享与延续英国夫妇的快乐与爱心，一对黄姓夫妇沿用了Sheepet的义卖名并创立了公仔品牌，并且日后风靡欧美日韩各地，Sheepet公仔的诞生就这样拉开序幕。显然，这个美丽、传奇的故事，以及其温暖的理念都为品牌的飞速发展奠定了良好的基础。

（2）品牌造型拟人化。

品牌造型指的是为品牌选择一个人物形象，或者塑造一种动物、植物，用夸张的手法创造出其具有人的性格的品牌形象。这种品牌造型可以直接表现出企业的属性、经营观念和产品特点。同时，品牌形象还常常具有很强的信息传递能力，活泼可爱的形象常常会受到大众的欢迎，能代替品牌和消费者进行沟通，使人们感受到企业的人情味和亲和力。

洗衣粉品牌汰渍“小幸感”系列在拍微电影宣传片时，围绕日常生活中洗衣、做饭的小事，树立了一个向往简单、崇尚自然、通过气味就可以联想到幸福的“小幸感”女孩形象，而这个“小幸感”女孩也形成了汰渍洗衣粉品牌树立的独特性、具象化、有识别度的形象。

从一款洗衣液挖掘出气味作为独特引入点，通过气味幻想出一个幸福居家的小女孩形象，从昵称到页面设计再到展示内容等全面展现了“小幸感”女孩的生活方式，这样，原本一个简单的洗衣用品被包装成了富有人情味的“邻家女孩”模样。

（3）品牌形象性格化。

对于品牌来说，品牌的性格就像人的性格一样，是品牌形象在人们心中的表现形式。品牌性格塑造了品牌独一无二的特性和形象识别，即代表了一个品牌区别于其他品牌的差异性。品牌性格会让品牌脱颖而出。由于品牌性格通常具有形象化和情绪化的特点，这样塑造出来的品牌将会具有强烈的感染力，能够抓住消费者的兴趣，起到增加品牌美誉度的作用。

一个好的品牌，一定要有只属于自己的品牌性格，而且这个性格是独一无二的，是属于消费者想要的，对于消费者而言，品牌性格就是一种价值取向。没有独特性格的品牌就像和别人穿一样款式衣服的人一样，让人觉得没有个性，没有自己的魅力，更不会打动别人。

鲜花品牌roseonly就是一个有性格的品牌。其创始人蒲易将鲜花品牌和爱情情感相结合，推出了爱情的专一性理念，要求其用户送花只能送给一个人。这样专一的品牌性格得到了很多女性用户的认同。网友们在微博上看到roseonly的鲜花礼盒之后，自然就会@自己所爱的人，无形之中，roseonly专一的性格就被传播出去。

此外，roseonly还在故事理念中设置了很多浪漫的桥段，比如帅哥开mini车送鲜花，引爆办公室，从而激发了白领人士的积极响应。roseonly专门找设计师设计了颇具个性、浪漫气息的花盒，选择的产品也是从厄瓜多尔等地区空运来的新鲜玫瑰。于是其产品看上去就显得非常高端、大气，而其目标人群和粉丝也定是那些“高大上”以及为爱专一的人群。

roseonly的第一批用户正是这些“高富帅”“白富美”，从此就成了专一的“高富帅”的代言人。

案例 依云：饮用水中的“劳斯莱斯”

全世界97%的水是盐水，2.1%的水来自地球南北两极的冰山融水，只留下0.84%的水能供人类饮用，而这其中只有0.00000004%是依云矿泉水，它拥有高达10.8%的全球市场占有率。这就是依云的战略：卖的是品牌，赢的是高端市场。

一瓶普通装的依云矿泉水售价在20元左右，是一般瓶装水的10倍，然而仍然有不少消费者对依云趋之若鹜。年轻人喝依云喝的是时尚，爱美之人喝依云喝的是健康，成功人士喝依云喝的是生活品质。在消费者心目中依云已不单单是一瓶矿泉水而是一种生活方式。因此，消费者不会认为价格高而不选择依云，因为价格低的矿泉水应有尽有，而他们选择了依云就不会对价格有所异议。

由于依云水中富含多种对人体有益的矿物质、微量元素，不少人购买依云用来敷脸、做爽肤水，使用之后肤质都有了一定的提升，就这样一传十、十传百后，依云的美肤效果被越来越多的人所熟知。看到这种商机后，依云也推出了同品牌的化妆品系列，定位为来自依云小镇的纯天然化妆品，其中最知名的便是依云矿泉水净化喷雾，在各大商场超市都有出售且销售情况良好。

依云矿泉水的价格如此昂贵，却有不少拥护者，其中的秘诀又是什么呢？试想一下，如果娃哈哈、康师傅的矿泉水换一个包装卖给消费者10元、20元，消费者会买账吗？

这就好比中低档的品牌推出价格相当于高档次品牌的产品，同样的价格，消费者一定会选择高档品牌的产品，又何必选择中低档品牌的产品呢？因此，除了饮用矿泉水这一功能外，依云赋予了产品更多的价值——卖的是功效，更是品牌。普通的矿泉水生产商局限于矿泉水产品的低价格，同样的水只能换换包装、换换广告语，依旧按一两元的价格出售，而依云不同，它跳出了产品看产品，发现了消费者对饮用水的更多需求。商务活动时、情人约会时、养身保健时能不能有更合适的饮用水呢？饮用水只能是一种廉价的商品吗？当人们在家时有没有一个理由让他选择瓶装水而不是凉开水？依云正是发现了这些需求，成就水中的奢侈品——一个普通饮用水无法比拟的品牌。

于是，星级宾馆选择依云体现高档次，高级会所用依云体现对客户的尊重，企业家的私家车里备着依云水向同乘的客户展示公司的实力，很多时候消费者已经不把依云看作是一瓶普通的瓶装水了，当他们要去买依云时永远说的是“我去买一瓶依云”而不是“我去买一瓶水”。

依云通过品牌故事的传播和水的神奇功效，配合高端场合让社会名流享用，使得其在消费者的眼中即使不是最天然、最纯净的矿物质水，但一定是最贵、最奢侈的矿泉水。

奢侈品就是人们不一定都买得起但是一旦有钱就会想要拥有的东西。依云正是意识到了这点，因此定期还会推出各种外形华美的珍藏版瓶装水，进一步深化自己的品牌文化。若不是跳出产品看产品，依云不会在瓶装水行业中打造出自己的奢侈王国，也不会拥有和其他瓶装水如此明显的品牌区分，在瓶装水行业做到无可替代。

依云水的高品质使其成了饮用水中的"劳斯莱斯"。

第 7 章

极致服务：拓展经营，赢取市场

公司必须力争做到 10 倍的改进，稍有改进对终端用户来说就是毫无改进。

只有 10 倍的改进，你的产品才能给用户带来明显的优势。

随着经济全球化与竞争国际化的日益加剧，服务对于面对激烈竞争的公司来说十分重要。任何企业想要获得发展，就必须成为服务企业，必须具备全面的服务功能。

为客户
做超出期待的服务

顾客的忠诚与企业的服务有直接的关系，如果企业的服务能够获得顾客的好感和信任，那么企业就会在顾客的心中建立起一个朋友的形象，这个形象对企业开展下一步的计划是十分有利的。可以说，让顾客感动才是顾客忠诚的前提。在企业中，一个优秀的服务人员是能够以真诚而有新意的服务来超越顾客的期待的，这种真诚和新意不受外界环境的影响，它是以从顾客的角度考虑并超越顾客的期望为出发点的。

快速解决客户满意度的问题（三问）：

1. 我们的服务如何？

2. 我们做什么可以让你感到更满意？

3. 如果有问题，我们怎么补偿你，你才能满意？

有这样一家店，店里的服务人员总是能将顾客的需求放在第一位。有一次，她们遇到这样的事情：有一个名叫丹尼的太太买了一双鞋，结果试过后觉得不是很舒服。在这种情况下，服务人员记住了丹尼太太的需求，再次进货的时候，特意按丹尼太太的需求进了一类鞋，因为她们相信有同样需求的人一定大有人在。

令丹尼太太更为感动的是店里服务人员的态度。有一天晚上，丹尼太太接到了一个电话，对方是一位女士，一开始这位女士对丹尼太太表示了问候，接着说明了自己是那家店的客服代表。丹尼太太听后，表明自己很忙，没有时间去店中。于是这位客服代表就对丹尼太太表明，公司新进了一批女鞋，有丹尼太太想要的尺码与颜色，并表示可以为她送上门去。

虽然这样的做法让丹尼太太很感动，但她真的没有时间，因为，她很快要出门，但客服代表下面的举动彻底征服了她，因为客服代表已经在她的门外了。

正是依靠这种超出顾客期待的服务，这家公司走进了顾客的心中。令丹尼太太满意的消费经历让她成了公司的忠实顾客，她还介绍了很多朋友在这家鞋店消费。鞋店一个真诚的举动，彻底换取了顾客的忠诚。以顾客为中心、超越顾客期待总是能够为顾客带去惊喜甚至感动，许多精明的企业经营者总是在这方面不断下功夫。

沃尔玛公司的创始人山姆·沃尔顿一直坚信企业服务应该“超越顾客的期待”，他认为，只要能超越顾客的期待，顾客就会一而再再而三地光顾。因此，在满足顾客的需要后，还应该再多做一点点。正是这一点点，才能让顾客感到真诚，从而在消费过程中体验到愉悦。

为此，山姆·沃尔顿曾为他的沃尔玛百货店雇用全职的“迎宾人员”，这在酒店业是非常平常的，但在百货公司这个行业里还是一种服务上的创新。这些“迎宾人员”的主要工作是站在大门口附近欢迎顾客，跟他们打招呼，并帮助顾客，为顾客引路。沃尔顿先生的这种非常聪明的做法并非心血来潮，只有从顾客的角度出发，才能真正兑现“顾客就是上帝”的承诺。

超越顾客期望的事往往都是能令顾客开心的事，而顾客的心情往往决定了其购买程度。一个心情愉悦的顾客，为了保持这样的好心情，他会重复地在一个地方消费，这就是忠诚的由来。最终的结果，就是顾客与企业建立亲密的关系，双方开心、持久地合作下去。这对企业而言，无疑是振奋人心的。因此，企业提供的任何服务都应尽量从顾客的立场上考虑问题，用顾客的眼光看待事情，用实际行动为顾客创造惊喜和感动，让顾客感到自己被重视、被尊重。

企业的销售其实就是抓住顾客的心，只要明确顾客心中所想，企业就可以依据顾客的期望来设计自己的销售方式。这种针对性大大加强了企业销售的成功率。如果企业能够做到超越顾客的期望，那么企业与顾客之间的关系将会更加稳定，而稳定的顾客关系对企业而言，是强有力的后盾。

在当今这个“服务为王”的年代，服务人员要有以顾客为中心的思想，用行为去超越顾客的期待。给顾客带去惊喜和感动应是每个服务人员的理想，有了这样的自觉意识，服务人员的服务水平才能上一个新的台阶。

为顾客服务的内容是丰富的，仅有微笑是不够的。作为服务人员，要用富有创意的服务来超越顾客的期待。只有满足顾客的潜在需求，才能与顾客建立长久的合作关系。

一个企业如果没有办法超越顾客的期待，总是顾客提出问题了才想着解决，就会让企业始终处于被动的状态。而一个优秀的企业总是能将主动权掌握在自己的手中，他们能通过顾客的表现，发掘出顾客内心隐藏的需求，超越顾客的期待。让顾客跟随企业的脚步，有效地引导顾客消费，从而让顾客与企业走在一条线上，实现双方的互惠互利。

三级服务体系：满足期待、超出期待、让其感动

消费者眼中的服务是什么样的呢？大部分消费者都会认为，服务就是满足需求，而优质的服务就是满足需求的同时还能超越需求。由此可以看出服务的三个层次：第一层，满足消费者的需求；第二层，超越消费者的需求；第三层，让消费者感动。

事实上，了解消费者的需求并满足他们，只是基本服务，大部分企业都能做到，而如何去超越用户的期待甚至让用户感动才是终极目标。

三级服务体系的三个机会

1. 当用户对我们的产品或服务有需要的时候，满足的机会就到了；
2. 当用户有个性需求时，超出用户期望的机会就到了；
3. 当用户有困难需要帮助时，让用户感动的机会就到了。

Men's Wearhouse 曾经向《商业秀》的作者 Scott Mckain

（斯科特·麦克凯恩）推荐过他们的服装，但是Scott Mckain却从未买过他们的服装。一次偶然的机会，让Men’s Wearhouse拥有了Mckain这个忠实用户。事情是这样的。

有一天，Mckain要到美国的一个城市给一群商业精英作演讲，这个演讲很重要，一定要正装出席。为此，Mckain特意准备了一套西装，但是，由于机场工作人员的疏忽，他的行李箱被放在了另一个航班上。

演讲时间逐渐临近，Mckain根本来不及等下一个航班的到来。这时，他突然想到Men’s Wearhouse，想着这家店离演讲的地点较近，就想碰碰运气。于是，Mckain便试着给该店铺打电话，并说明了原因。Men’s Wearhouse在接到Mckain的电话之后，根据他提供的信息迅速做出反应，立即着手赶制西装。

由于Men’s Wearhouse的制衣技术的确精湛，加上它能立即对顾客的要求做出回应，很快便向Mckain提供了质地非常不错的藏青色和炭黑色两套西装供他挑选，同时还准备了领带、衬衫、皮鞋。而这一切都刚好赶在演讲开始之前，完全超出了Mckain的预期，这让他又惊又喜，非常感动。从此，Mckain对这个品牌推崇备至，成为其忠诚客户。

Men’s Wearhouse很好地做到了服务的三个层次，不仅满足了用户的需求，还超出了用户的期待，让用户感动，才为其带来忠于其品牌的长久用户。在互联网引领经济发展的时代，想要获得用户的认可，企业就需要将这种超越用户期待的服务做到极致，并且在此基础上让用户感动。

如今，现代的服务理念是追求极致，不仅要满足消费者的需求，更要发现消费者的潜在需求、个性化需求。企业要想给用户提供基于现实心理需求的服务，满足用户的潜在心理需求，超越用户的期待，将服务做到极致，企业就要首先了解用户的现实需求。

因此，企业可以通过提问等方式来了解用户的现实需求。另外，善于倾听，深入挖掘用户的潜在需求，建立用户数据库也是不错的方法。最后，企业应结合自身优势，利用数据库信息，将用户的需求引导到自己有优势的产品上，这样就能超越用户的期待，能让企业长久发展下去。

标准化服务体系设计

服务不是随性而为的，它不是企业展现个性的平台，服务上面的每一点随意都会加速顾客的流失。因此，认真才是企业对服务的态度，而这种认真就是建立在标准化的服务体系之上的。企业需要了解建立标准化服务体系的重要性，只有重要的事情，才值得企业从上到下的每一名员工都认真对待。

在广东东莞有一家快餐企业——真功夫餐饮管理有限公司，这个企业成立的时间并不长，从 1994 年至今，也不过 20 年的时间，但却在餐饮业做出了业绩。对于竞争激烈的餐饮业而言，这不得不说是一个奇迹。然而这个奇迹的创造并不是一蹴而就的，从成立开始到 1998 年的这段时间内，真功夫经历了艰难的探索过程，直到 1999 年联合某大学自行设计了电脑程控蒸汽柜，建立了标准化的生产体系后，公司才迅速扩展。真功夫建立的三大标准化运营体系（后勤管理标准化、烹制设备标准化、员工操作标准化）是它的经营之道，也是它无论开多少家分店都能做出同一种味道的原因。他们通过标准化的服务，使自己在餐饮业站稳了脚跟。

对于餐饮业而言，味道相同是获得稳定客源的重要因素之一。我们再看看随处可见的“麦当劳”，所有分店的同一产品一定是一种口味，所以麦当劳才会成为全球第一餐饮品牌，才会有30000家店的业绩。再看看足浴第一品牌的“良子”，同样也是标准化经营成就的品牌。

标准化服务对于企业来说非常重要，因为企业需要一个快速发展的过程，只要是有这个目的的企业，就同样面临着一个急需解决的问题，即建立标准化服务体系。

标准化服务是指在标准意识的指导下，企业家和服务管理者通过规范化的管理制度、统一的技术标准、服务工作岗位和预定目标的设计与培训，向服务产品的消费者提供统一的、可追溯和可检验的重复服务。

企业建立起这样的一个体系可以更好地为顾客服务，让自己的服务内容更加完整和标准化。这种服务标准体系的建立，一方面可以让员工的服务更有目的性，另一方面也方便顾客监督，让企业的服务变得更加优秀。可以说，建立服务标准体系，是利企业、利顾客的双赢做法。

1.实施标准化的服务流程

现代服务业与传统服务业最主要的区别就是是否具备标准化。服务的标准化可以从以下两个方面进行分析。

（1）服务流程标准化。

所谓服务流程标准化，就是指着眼于整体服务，采用系统方法，通过改善整个服务系统的分工及合作方式，对整个服务流程进行优化，从而提升服务效率，确保服务质量能够过关。

顾客在享受服务的时候，不但希望获得专业化服务，更希望得到某些方面的便利，例如节约等候时间、结算方便等。因此，在进行服务流程标准化的时候，还要以为顾客提供方便为原则，而并非只是为公司内部运行提供方便。例如，来到医院看病的患者，要经历排队挂号、排队就诊、排队付款以及排队取药这一系列烦琐的环节。即便医院在每个环节上的服务人员工作都做得很出色，也很难让患者满意。原因是患者的身体原本就有恙，还要被迫忍受这诸多烦琐的事情，即便每个环节上的服务再好，又有什么用呢？倘若这个流程能够得到最大限度的缩减优化，获得便利的患者自然会对医院的标准服务流程交口称赞。

（2）提供服务标准化。

所谓服务，一般主要指生产与消费是同步进行的状态，例如美容店的服务在未出售前是不可以被提供的，顾客在享受美容院服务的同时也在被消费。这种同步性，让顾客有了更多的参与度，服务的质量与顾客满意度将在一定程度上依赖于“接触瞬间”的情况，倘若能在诸多的“接触瞬间”提炼出可标准化的部分，对企业本身来说也是一大挑战，与此同时，也有可能成为服务亮点。所谓“接触点”的服务标准化，主要指服务人员在仪表、语言和态度以及行为标准等的体现上。

2.制定顾客导向的服务标准

所谓服务标准，就是服务质量标准的简称，也就是服务机构用来指导和管理服务行为的规范。大多数服务机构的服务标准，并不是来自于对顾客的期望，而是来源于机构本身的期望，所以这样的服务标准势必和顾客的期望存在一定的差距。如果想要缩小这种差距，企业的服务标准就必须从顾客的期望出发，即制定顾客导向的服务标准。

实际上，顾客导向的服务标准对于服务人员来说，具备很高的挑战性或难度。原因就是在竞争激烈的买方市场中，顾客在“讨价还价”上占据主动地位，一般来说，顾客对服务提供者的期望很可能会高于服务提供者所具备的能力水平。换句话说，要想满足顾客的期望或要求，服务提供者不得不尽快提高自己的服务能力和水平。另外，公司导向的服务标准主要是指服务公司或机构的生产率、效率、成本以及技术质量等运营目标所要求的服务标准。在诸多情况下，公司导向的服务标准很难顾及顾客的期望或要求。

按照美国著名营销学家科特勒的观点，公司导向的服务标准是从服务生产者的利益出发以及满足生产者的需要而制定的，其体现的是生产观念，而并非营销观念。因此，作为以满足顾客需要为主要目的的服务营销管理，不适合采用公司导向的服务标准，而应该采用顾客导向的服务标准。

例如，美国AT&T公司的电信服务过程一共有4大服务（接触）环节，分别为：销售、安装、维修以及账务。顾客对不同服务（接触）环节的期望或要求有着一定的区别。在销售服务环节，顾客的期望或要求是：销售服务人员十分精通专业知识、反应够快及能与其保持长久的联系；在安装服务环节，顾客的期望或要求是：安装服务人员在安装上要及时、安装时不损伤设备及按约按时安装；

在维修环节，顾客的期望或要求是：维修服务人员不要重复维修、速度快及能与其保持长久的信息联系；在账务环节，顾客的期望或要求是：账务服务人员要有明确的账单、最好一次性结账及账单清楚明白。

因此，公司一定要对所有的服务（接触）环节保持清醒的认识，包括确定某个接触环节对整体服务质量的影响程度。在这一过程中，顾客对各个（接触）环节的评价是不一样的。认清各个服务（接触）环节的重要程度，方便公司之后对服务标准的重新制定。服务机构能根据这点对某些重要环节的服务标准进行加强，而对某些非重要环节的服务标准进行适当地减少，如此一来，就能优化服务营销资源的配置与降低管理成本。

服务标准定得过高，超过了大多数服务人员的能力，那么这样的标准就难以实施。而且过高的服务标准可能超出顾客期望的理想区间，虽然能让顾客感到惊喜，但从长远来看，部分顾客会认为这过高的标准不是为他们设计的，从而选择另外一个服务机构购买服务。或者，过高的标准吸引另一群顾客，使服务机构偏离原来选定的目标市场。因此，服务机构应当调低过高的服务标准以符合目标顾客的真正需要。服务标准定得过低，如前所述，就缺乏挑战性和竞争力，不符合服务标准的选择标准，也需要调整。

3.落实标准化的服务质量

只有落实最终的考核，才能制定出好的服务标准。没有落实，所有的标准都形同虚设。因此，制定好标准后，最终得到落实才代表了企业服务的价值。

美国的沃尔玛是全世界最大的零售公司，拥有许多商家不具备的优势，例如沃尔玛制定的“超值服务”标准，其中又包括“日落标准”“比满意还满意标准”“10步标准”等。所谓“日落标准”，主要指日常工作必须在当天的太阳落山之前做完。对于顾客要求的服务，最好在当时就给予满足，绝对不拖延。制定的这一标准与尊重个人和注重顾客服务以及精益求精的信念是一致的，已经成为沃尔玛企业文化宣传的重要内容之一；所谓的“比满意还满意标准”，就是指让服务人员与顾客成为好朋友，对所有光临沃尔玛的顾客都笑脸迎接，尽最大努力满足客人的合理要求，并不断改进服务质量，最好超过顾客原本的期望值，至少也要比其他商家的服务质量更好。

企业不需要建立纸上谈兵的服务标准，更不需要不切实际的侃侃而谈，而是切切实实的服务质量。如果服务得不到质量的保证，那么这样的服务不仅会影响员工的负面情绪，也会导致顾客在抱怨中慢慢流失。

服务质量的测定涉及以下6个方面的内容：

（1）服务质量要求规范化与技能化。顾客对服务供应方保持高度的信任度，职员营销体系及资源必须掌握专业的知识和技能，以解决顾客疑难问题为己任。

（2）态度和行为。企业一定要让顾客感受到服务人员，尤其是一线员工的友好态度，并用实际行动解决顾客购买商品或商品质量上的问题。

（3）可亲近性与灵活性。服务供应者的地理位置、营业时间和职员构成以及营运系统的设计、操作一定要便于服务顾客，最好是灵活地根据顾客的要求随时加以调整。

（4）可靠性与忠诚感。一定要让顾客形成这么一个认知：不管遇上什么情况，服务供应者及营运系统都值得他们百分百信任。服务供应者能够信守诺言，竭尽全力地满足顾客的要求。

（5）自我修复。顾客确信，不管自己所购买的产品什么时候出现什么问题，服务供应者都能快速有效地采取行动并控制局势，寻找最新的可行性补救措施。

（6）名誉与可信性。服务供应者一定要让顾客确信，他们的经营活动可以完全让顾客依赖，顾客所购买的物品一定会保质保量。综上所述，服务人员如果能做到这 6 点要求，并用来检查自己的各项服务，就会对自己的服务质量有一个大致的了解，不足之处也要加以改进。如此一来，企业何愁服务质量不突飞猛进，顾客盈门呢？

关注
一线队伍建设

对于企业经营者而言，在已经具备服务营销理念的基础上，关键是如何在实际生活中去实施。我们要明白行动远比理解理念更重要，而一线员工的建设就代表了具体的行动。

惰性解决方式	鼓励员工犯小错 而不是避免犯错

1.让一线员工能够调动资源

在26个国家拥有6万名员工的HCL科技公司最近几年实施了一个名为“员工第一，客户第二”的管理变革。这项管理变革的宗旨十分简单，即将公司的注意力和资源集中在经营流程中直面顾客并直接创造价值的一线员工身上。

一个企业的客户应该是能够为企业创造价值的人群，而不是通过价格优惠、特别交易或者中看不中用的促销项目拉来的客户。而为客户创造和传递价值的唯一方式就是：把员工摆在第一位。

HCL公司向来奉行“员工第一，客户第二”的管理原则，这并非没原则地关心所有员工，也并非单纯地增加一些工资或给予员工更多的关怀，这并非一个简单的人力资源手段，而是一个战略举措。这项管理变革在协助HCL达成全新战略的同时，也打开了全新的商业模式。HCL公司将以往的分散信息技术服务进行整合，为所有客户提供一站式全面服务，并与所有客户保持长久的合伙关系。就是由于HCL公司实施了这项管理上的变革，才最终实现了全新商业模式的战略转型。

2.将组织能力嫁接到一线员工身上

据有关报道，IBM公司每年在进行员工培训方面，就投入近20亿美元，占每年总营业额的1%~2%。一名员工每年最少会有15~20天的培训时间，因此被誉为美国具有顶尖培训职能的公司之一。IBM公司要求所有管理人员都无条件去参加公司一年一度举办的为期40小时的培训活动，以确保他们能够坚定不移地遵循IBM的管理模式。

IBM公司就是通过一系列培训让新员工认识到企业的文化。伴随公司员工职务的晋升，IBM公司会对公司各级别的管理人员实施专门的培训，例如第一线基层经理在晋升新岗位的第一年内需要接受至少80小时的培训，内容包罗万象，其中有公司历史、信念、政策和习惯做法以及对员工的激励、赞扬和劝告等基本管理诀窍；部门经理则在公司专门设置的中层管理学校中接受有效交往、人员管理、经营思想以及战略计划等有关方面的培训；公司对于经验丰富的中、高层经理则安排学习社会及经济方面的课程，或学习全球著名的经济院校的有关专业课程，时间最少1周最长1年。e-learning代表了IBM公司里职员学习的一种重要趋势，IBM在全球局域网上创建了一所网络学校，叫作Global Campus，其中涵盖了2000多门课程，全球的IBM公司的员工都能随时随地利用这所网络学校来开展有计划的学习。

通过以上学习和培训，IBM公司帮助职员具备了公司所需要的人才特征，其中包括解决疑难问题的能力、有效价值选择以及一致的公司理念与信念。换句话说，IBM公司的所有职员通过培训都能成为合格的员工。

像IBM这样借助于培训或学习帮助员工获得组织能力的企业数不胜数，但是，这种做法却不适用于中国的绝大多数企业。据中国企业管理协会组织的一次《经营管理者素质、能力调查》的结果表明，培训经费/销售额在2%的企业仅仅占9.9%，超过半数的企业培训经费/销售额在0.8%以下。或许中国企业可借助其他手段来帮助员工具备有关能力，但是因为缺乏能够直接提高能力的培训手段，结果自然不容乐观。

一个公司要想成功，关键在于提高一线员工的能力，遗憾的是，大多数中国企业往往认识不到这一点。

在中国，有能耐的个人往往被公司重用，其原因就是因为企业本身无法通过培训提高每个员工的能力，以至于只能依赖个人能力提升公司效益。然而，这样的做法却为IBM或宝洁这些全球闻名的公司所不齿，因为他们从来不会依赖某个员工的个人能力，而是通过培训，在短时间内就能让一个毫无经验的大学毕业生很好地胜任工作，并创造很好的业绩。

顾客服务策划及行动计划

在众多工作中，与人打交道的工作是最难的，因为没有人能轻易猜透对方的想法。而有两样工作却要经常与不同的人打交道，一个是企业的前线销售，另一个就是后方客服。从事这两种工作的人，每天都面临着巨大的压力。销售关系着企业的利润，客服则关系着顾客对企业的满意度，对顾客是否还会消费企业产品起着重要作用。

因此，从某种意义上来说，客服是维持老顾客的关键。只有将客服工作做到位，才能进一步赢得顾客的信任，让顾客继续关注企业的产品，并愿意再次根据需求进行消费。

从事顾客服务工作的人，不但要有专业精神，更要有专业态度。专业精神是指员工对企业及产品都十分了解，而专业态度则是指从事客服工作的人员要有耐心，能够认真倾听顾客的意见，并将意见进行整理，及时反馈给企业，让企业根据意见调整自己的服务方针。

当然，这只是开展顾客服务工作必备的前提。开展顾客服务工作不是随机的，需要一定的程序。首先，需要对顾客服务工作进行策划。策划内容包括三部分：售前、售中和售后。

1.售前客服计划

作为一名客服工作人员，首先必须具备良好的专业知识基础，因此，企业的培训就显得尤为重要。企业要通过培训，让客服人员了解企业的商品及相关知识，掌握更多的服务技巧，熟悉企业各方面业务，达到熟练解答顾客提出的各种问题的程度。售前客服在销售当中充当着引导、补充的角色，对顾客认识企业及产品有着极大的推动作用。

2.售中客服计划

在销售过程当中，客服也起着推动作用。当顾客不明白时，就会打客服的咨询电话，这时，客服就充当着销售人员的角色，如何用一个良好的态度解答顾客的疑问，也影响着顾客最终的购买决定。因此，这时的客服不但要坚守本职，更要在言语中体现出产品对顾客的重要性，让顾客觉得这就是他需要的产品，只有这样，才能让产品顺利地销售出去。

3.售后客服计划

与前两个客服计划相比，售后服务才是客服的主要工作。客服人员也应将学习的重点放在售后服务方面。售后服务包含着很多内容：负责顾客疑难订单的追踪和查件，处理评价、投诉等；定期对顾客进行跟进，并及时进行反馈；对顾客资料进行整理归类，把有再次购买意向的顾客定期汇报给主管；定期对销售和售后流程进行总结，并提出自己的改进方案。这些都是售后服务的内容，将这些内容处理好，才能称得上是一名好的客服工作人员。售后服务人员还可以为顾客提供一些温馨的服务，如发货短信提醒、售后服务卡等，这些都是与顾客保持联系的方法。

其次，有了计划，实行是关键。身为顾客服务人员，要明白顾客就是衣食父母，是工作的伙伴。对于这样的人，客服人员要有一个明确的态度，那就是尊敬，但这种尊敬并不是让客服人员逆来顺受，不卑不亢、态度良好、认真聆听顾客的意见才是重要的原则。

客服人员在与顾客进行沟通时，一方面要掌握时间，不要让顾客觉得你在浪费他的时间；另一方面要掌握顾客的心理变化，要让顾客心里舒服。同时，客服人员要记住顾客的名字，这是与顾客进行沟通的前提。可以说，当顾客与客服人员第一次接触时，客服人员就要记住顾客的名字，以及他所要处理的问题。当下次顾客询问时，客服人员就要准确地给出答案，拖延战术永远无法解决问题。

对于顾客的投诉，客服人员要重视起来，要勇于承认问题的存在。这就给了顾客一个处理问题的态度，有了这个态度，就可以平息顾客的愤怒，顾客才会冷静地将问题说出来，客服人员只有根据具体问题，才能找到解决问题的方法。

顾客能询问，这说明他对企业和产品还是有一定的满意度的，说明这样的顾客有潜力成为真正的老顾客。对于这样的顾客，客服人员要做的就是及时解决顾客的问题，让顾客感到满意。事实证明，如果一个顾客不想再光顾，那么，他的态度就是有亏自己吃，这样的顾客心里的想法很简单，“只此一次，下不为例”，这才是顾客对拙劣服务态度的反应。

下面是众人眼中一个好顾客的自白：

我是一个很多客服人员眼中的好顾客，因为无论客服人员的服务态度如何，我从不抱怨。我总是能耐心地排队，比我后到的顾客先得到服务，发生这样的事情，我都不会讲出我心中的不满。我试着体谅别人，但得到的却是服务人员的傲慢态度。

当我想买一件东西时，不了解产品的一些知识，于是我打电话问客服，希望他们能为我解答，然而客服却告诉我，买了产品后看说明书就会明白。好吧，看来我的问题是多此一举。我不会因服务人员的态度而生气，也不会争吵，因为服务人员的态度就代表了企业的态度。有着这样傲慢态度的企业，又怎么会聆听顾客的心声呢？想必，产品也不适合我这样的顾客去使用吧。既然如此，我就找一个能够耐心听我说话的企业，他们生产的产品才更适合我用。其实想留住我，并不难，只需给我适当的服务，给我讲一两句好话，并给我一点微笑，这样的要求不过分吧？

顾客的自白，映射出了顾客的内心，而这就是客服人员要重视的。把顾客的事当成自己的事，处理问题永远比顾客快一步，主动为顾客解决问题，这才是客服人员将客服计划落到实处的行动指南。以这个指南为标准，就会轻易赢得顾客的信任，让其因服务态度而成为企业及产品最忠诚的拥戴者。

培养全员服务文化氛围

服务文化建设是企业整体服务文化的养成，而企业全员服务理念的形成，则是服务文化建设的基础。企业员工作为服务的主体，在服务传递过程中，是联系企业和顾客的纽带，员工的整体素质将影响服务营销文化的现实水平和潜在能力。

因此，通过培养全员服务文化氛围，能够增强员工的服务意识，也是服务文化建设的重点。

为了应对市场环境的变化，中国移动推出创新服务经验交流模式，积极建设服务文化氛围，以获取新的竞争优势。另外，中国移动为了让公司上下形成浓厚的服务文化氛围，使服务文化深入全体员工内心，提升服务品质，开展了各种有益于服务文化建设的文娱体育活动，如“服务标杆班组”“阳光班组”“我的班长我的班”“星光大道班组建设”等丰富多彩的服务文化活动。

通过这些丰富多彩的活动，公司还选举了一批优秀个人和团队服务明星，作为服务文化宣传的典范，由他们带领全体员工积极建设服务文化氛围。这样的举措进一步增强了全体员工的凝聚力、向心力，为营造浓厚的服务文化氛围做了铺垫。

企业可以学习中国移动，通过开展一系列的服务文化活动，并让一些优秀的服务明星为企业做服务文化宣传的典范，从而培养全体员工对服务文化的认知，营造浓厚的服务文化氛围。

但是，不同的企业应该根据自身不同的服务文化底蕴，有针对性地培养全员服务文化氛围。如一些企业原本的服务文化氛围就较浓厚，只是没有将它形成文字、规范来要求全体员工，这时，就可以通过开展一些活动，让员工参与进来，让他们更直接地感受这种服务文化氛围。

另外，还应该将企业原本的服务文化与一些新的服务文化理念进行结合，做成企业服务文化宣传手册，方便员工之间进行传阅，让员工更加了解企业的经营理念，也让客户更加直观地感受到该企业的服务文化。

对于一些创业型公司来说，服务文化氛围较弱，这时，领导者应该重点对员工进行相关的培训，逐渐培养服务文化氛围。通过坚持不懈的努力，每天都将服务文化践行在实际行动中，久而久之，创业型公司也会形成浓厚的服务文化氛围。

另外，每个企业都可以在企业内展示一些服务文化气氛浓厚的宣传标志和宣传语，时刻提醒全体员工遵守企业的服务文化，并开展各种有益于服务文化建设的文娱体育活动，以此培养全体员工对服务文化的认知，逐步形成企业服务文化的浓厚氛围。

之所以要培养全员服务文化氛围，是要让全体员工每天都沉浸在服务文化氛围中，这样，当他们向顾客提供服务时，就可以在无形中让顾客感知到来自企业的服务文化，从而增加顾客对此服务的满意度。久而久之，顾客们会习惯这种服务文化，而不想再去别家企业体验服务。为此，企业建立服务文化建设就算是成功了。

因此，企业要想在服务上与别家企业拉开距离，就要培养全员服务文化氛围，只要每天付出一点点，就可以收获到丰厚的回报。

互联网时代，用户对服务的期望

在互联网时代，电子商务在人们的生活中得到了广泛应用，用户的消费观念、消费心理都发生着重要的变化。相应地，用户对服务要求也发生了变化，无论是服务态度上，还是服务方式上，用户对服务要求都有所提高。

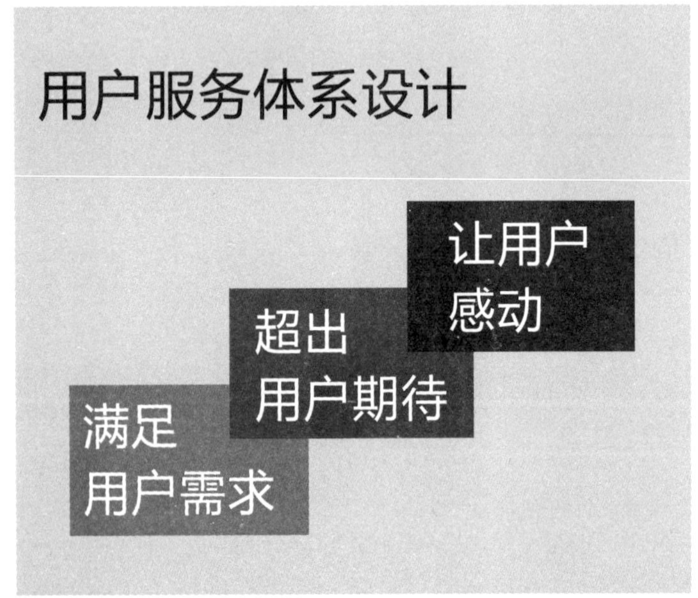

1.完美，对服务的瑕疵“零容忍”

电商的迅速发展，使得越来越多的购物网站在网络上兴起，再也不是阿里巴巴独占鳌头的时代了。京东、当当、聚美优品等电商平台相继出现，还有一些实体超市也开始在网上开店铺，如大润发商城在网上开的“飞牛网”。而随着移动支付的普及，移动端的购物网站也慢慢占据了一片市场，如微商。

面对越来越多的购物网站、大同小异的商品，消费者将选择的目标逐渐转移到服务上面，越是完美的服务，越是能赢得消费者的喜爱。于是，这些购物网站也开始改变营销策略，为消费者提供越来越完美的服务，以赢得更多消费者的支持。

面对越来越完美的服务，消费者也被“宠坏”了，一旦出现些许的瑕疵，他们就绝对不容忍，转身就选择另外一家店铺。同样地，对于企业来说，在服务上面出现一点瑕疵，就会失去一部分顾客，如果不及时纠正这些瑕疵，生意就会越来越惨淡。

2.简约，服务流程的简单快捷

时间就是金钱，效率就是生命。在快节奏生活水平下的人们，总希望在有限的时间内做更多的事。所以，传统的服务模式已经无法满足人们对服务的要求，人们需要更加简单快捷的服务流程。

在网络经济时代下，网络信息化服务能够突破传统服务中的时间、空间限制，让用户获得更加便捷、及时的服务。另外，网络信息化服务也能节省用户的时间和精力，提供规范、高效的信息，并针对用户不同的需求，最大限度地满足他们。

一台电脑，一根网线，即可满足人们的日常消费，如此简约的消费方式，自然会受到消费者的青睐。因此，相比传统的购物方式，人们会更倾向于网络购物。因此，企业在互联网时代，应该用简约的服务方式服务消费者，让消费者体验到更加简单快捷的服务流程。

3.个性化，一对一的服务

随着人们收入的增加，消费观念也逐步向品质的外在化、个性化、自然化方向发展，消费者所选择购买的商品，已不仅是因为其有实用价值，更要与众不同，并拥有一些附加价值，例如富有想象力、创新的产品就能轻易获得消费者的青睐。消费者对传统消费提出了个性化的要求，个性化消费已成为现代消费的主流。

在科技迅猛发展的前提下，产品种类越来越丰富，市场产品供大于求，买卖双方关系中的主导权已经掌握在消费者手中。科技的进步使竞争的方式和手段也不断发生变化，使得现代市场的竞争变成服务的竞争，因此，只有依靠优质的售前、售中和售后服务吸引和保持客户的忠诚度，才能最终在市场竞争中取得优势。

说到底，消费者需要的是个性化的服务，且贯穿在销售的各个环节，因此，最好能够实现一对一的服务，这样，在满足消费者的需求时，也能让他们有被重视的感觉。

案例 海底捞：让人咋舌，更让人感动

若问中国服务最好的餐饮是哪家？几乎大部分人都会回答：海底捞餐饮。这么一家在川、陕、京、豫、沪等省市都开有分店的火锅店是由中国餐饮协会理事单位与四川省餐饮协会常务理事会单位携手开办的。据说海底捞火锅店曾先后在川、陕、豫等地获得“中华名火锅”“消费者满意单位”“名优火锅”“纳税大户”“优秀企业”“先进集体”等十几项荣誉称号。近几年以来，海底捞餐饮以每年最少开 7 个分店的速度迅猛发展，并盈利颇丰，获得社会上大多数民众的高度赞扬。

人是这个世界的主宰，人的力量改变了世界运行的轨迹。在企业的发展中，重视人的力量、发挥人的力量是创造优质服务的开始。

无论怎样的管理制度都要通过人去实施。因此，企业要想让自己的工作人员愿意全心全意投入到工作中来，就要进行人性化管理。只有这样，才能让顾客享受到优质又热心的服务。

海底捞的成功就是充分重视人性化管理的结果。海底

捞创造了一种全新的模式和思路，给予员工更好的福利和薪资，以带动他们更好的服务状态。正是这样的服务，让海底捞赢得了顾客的喜爱，成为餐饮行业的标杆。

海底捞在同行业中，也许味道不是最好的，但服务绝对是一流的。海底捞的管理者明白，顾客之所以愿意花钱消费，服务是很重要的因素。看到了这一点，海底捞便从内到外将服务进行升级。

在内部，海底捞为员工创造了极好的福利待遇和良好的升迁环境。海底捞的管理者明白，员工的情绪管理直接反映在员工对顾客的态度上。因此，只有给员工提供好的工作待遇，让他们在心理上得到满足，员工才能更真诚地为顾客服务。

海底捞的员工多是由老乡介绍进入企业的，他们有机会在所有岗位中轮岗以选择自己更适合的职位。同时，海底捞还为员工创造了升迁的环境，海底捞最基层的服务员有机会在两三年后晋升为月收入七八千到一万元的店长；海底捞的服务员拥有免单和建议权，他们不断创造着类似于“包丹袋”这样的服务细节。

海底捞的员工来自五湖四海，远离家乡的人对温暖是最为渴望的。现在很多企业都没有注意到这一点，总是从自己的利益出发，将员工当成机器。对员工的管理也是制度化的，从未想过员工的真正需求。这就导致员工在心里没有归属感，对企业自然不会信任，跳槽便频频发生。但海底捞的员工却没有这样的烦恼，他们在这里感受到的是家的温暖，因此，他们也可以像主人一样，热情地为顾客服务，也许顾客在他们心中就像是家里来的客人，对于客人，作为主人自然要热情接待。

对于普通员工而言，一个公平的晋升机会是非常重要的。只有给员工希望，他们才有努力的方向。而现在很多企业对晋升有着近乎苛刻的要求，一名普通员工要想获得晋升，过程的崎岖程度不亚于攀越珠穆朗玛峰，难度之高，难以想象，因此，晋升对普通员工而言，是一条蜀道。与大多数企业形成鲜明对比的是，海底捞员工的晋升之路就平坦了许多，海底捞内部实行多层级的工资级别，每上升一个等级，从工资到福利待遇都会增加。海底捞也很注重对企业内部员工的培养，大部分的门店经理都是由海底捞内部员工晋升的。伴随着海底捞的扩张，管理层也越来越年轻化，海底捞北奥店的经理刚刚23岁，而这还不是海底捞北京地区最年轻的经理。甚至缺乏管理才能的技术人员，在海底捞也能通过努力和忠诚获得较高的薪水和福利。

海底捞从人性化管理的角度出发，为员工创造了这样的福利待遇，让员工可以安心地投入工作。这样的结果，就是我们现在所看到的，海底捞成了餐饮业的标杆，在竞争最为激烈的行业中脱颖而出。

当然，在对内部实施人性化的管理后，海底捞也加强对员工服务意识的培养，让他们明白服务对企业发展的重要性。当然，这也是有渊源的。海底捞的董事长张勇，是从卖麻辣烫开始其创业之路的。在创业之初他就已经发现了这个秘密：即使味道并不那么好，但是顾客在他的热心接待下还是会反复光顾，与味道相比，就餐的氛围更重要。人们到一个餐厅就餐，服务是顾客首先要考虑的问题。服务人员脸上的微笑、110%的服务人员配比、美甲擦鞋的免费服务……这一切为来海底捞就餐的顾客营造了舒适而放松的就餐体验环境。

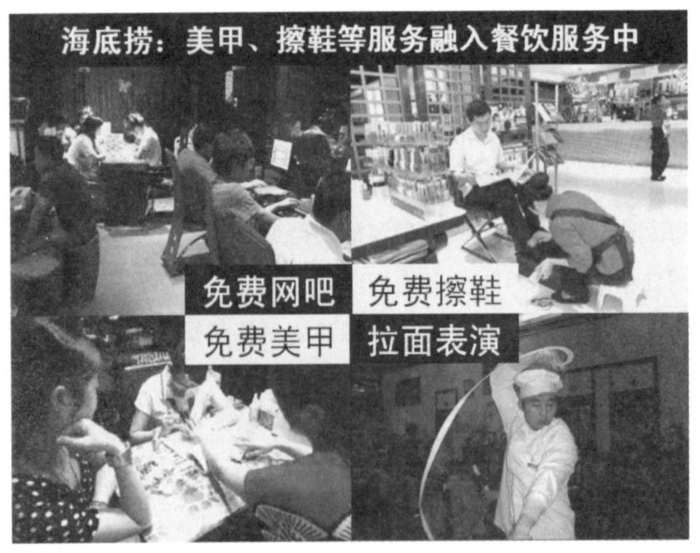

顾客的感受，能够真实地反映出海底捞的服务水平，曾有顾客这样形容：海底捞的服务是最好的，让人无法挑剔，在这样的环境用餐，人的心情也跟着愉快起来，这就是顾客对海底捞服务的认可。在当今“服务为王”的年代，只有优质的服务，才能让企业上升到一个新的高度。海底捞对这一点的认识，无疑是全面且实际的。

“热情周到”这四个字，解释起来很简单，但做起来却很难。一次两次也许并不难，但长时间的坚持，就显得尤为珍贵了。海底捞的服务做到了，因此，它成功了。

微笑是海底捞服务的一个特色，也是它热情周到的一个最重要的方面。微笑的人看起来也更加容易让他人产生亲近感。试想一下，作为上帝的你去消费，得到的不是微笑，而是一张冷漠的脸，你的心情如何？下次，你还会在此进行消费吗？答案是否定的。没有人愿意让自己在掏钱的时候，心情是无比郁闷的。

因此，海底捞将微笑作为服务的一个重要方面。它为员工提供了良好的待遇，让他们的脸上有了微笑，然后，再将这种微笑传递给顾客，这样顾客就在这种真诚的微笑中感受到了用餐的快乐。这种传递，最终让海底捞以服务在同行业中脱颖而出。

但微笑并不是没有成本的。海底捞的董事长张勇，曾为海底捞的微笑付出巨大的人力成本，而且海底捞的实际利润率低于行业平均水平。在非典时期，海底捞曾经仅保留北京总店，让大部分的员工都回家带薪休假，而如果再有这样的突发社会性事件发生，海底捞将面临巨大的考验。但这种人性化的管理态度，让员工的微笑更加真诚，也为海底捞的发展打下了最坚实的基础。

海底捞的成功给整个服务行业带来了改变，行业的负责人在管理方面更注重人性化，这种互相影响、共同发展的模式，使顾客成为最终的受益者，同时，也形成了良性循环，让整个行业都更加快速、健康地发展起来。

图书在版编目（CIP）数据

回归经营：唤回迷失在管理中的企业 / 方永飞著. —广州：
广东经济出版社，2016. 11
ISBN 978-7-5454-4889-4

Ⅰ. ①回… Ⅱ. ①方… Ⅲ. ①企业管理 Ⅳ. ①F272

中国版本图书馆CIP数据核字（2016）第249985号

出版发行	广东经济出版社（广州市环市东路水荫路11号11~12楼）
经销	全国新华书店
印刷	北京盛兰兄弟印刷装订有限公司（北京市大兴区黄鹅路西临89号）
开本	880mm×1230mm 1/32
印张	8. 75
字数	182 000
版次	2016年11月第1版
印次	2016年11月第1次
书号	ISBN 978-7-5454-4889-4
定价	39. 00元

如发现印装质量问题，影响阅读，请与承印厂联系调换。
广东经济出版社常年法律顾问：何剑桥律师